Cristinel ROȘCA

Modalități de dezvoltare familială și psiho-socio-școlară a copiilor aflați în dificultate din mediul familial – substitutiv și mediul rezidențial – instituțional

Iași
2013

MODALITĂŢI DE DEZVOLTARE FAMILIALĂ ŞI
PSIHO-SOCIO-ŞCOLARĂ A COPIILOR AFLAŢI ÎN
DIFICULTATE DIN MEDIUL
FAMILIAL – SUBSTITUTIV ŞI MEDIUL
REZIDENŢIAL – INSTITUŢIONAL
Cristinel ROŞCA

Copyright **Editura Lumen, 2013**
Iaşi, Ţepeş Vodă, nr.2

Editura Lumen este acreditată CNCS

edituralumen@gmail.com
prlumen@gmail.com

www.edituralumen.ro
www.librariavirtuala.com

Redactor: Roxana Demetra STRATULAT
Design copertă: Roxana Demetra STRATULAT

Descrierea CIP a Bibliotecii Naţionale a României
ROŞCA, CRISTINEL
    **Modalităţi de dezvoltare familială şi psiho-
socio-şcolară a copiilor aflaţi în dificultate din
mediul familial - substitutiv şi mediul rezidenţial-
instituţional** / Cristinel Roşca. - Iaşi : Lumen, 2013
    ISBN 978-973-166-351-7
37.015.3

Cristinel ROŞCA

Modalităţi de dezvoltare familială şi psiho-socio-şcolară a copiilor aflaţi în dificultate din mediul familial – substitutiv şi mediul rezidenţial – instituţional

Iaşi
2013

Cuprins

REZUMAT

Cercetarea de față, axată pe radiografierea și diagnosticarea modalităților de dezvoltare familială, psihologică, socială și școlar-educațională a copiilor cu măsură de protecție în cele două medii sociale substitutive - prin comparație -, a reliefat, în ansamblu, că, în pofida unor progrese destul de însemnate înregistrate în mediul rezidențial-instituțional pe linia dezvoltării familiale și psiho-socio-școlare ale copiilor, totuși, nu putem să nu observăm că situația familială și psiho-socio-școlară generală a copiilor aflați în dificultate cu măsură de protecție în asistență maternală este net superioară celei din mediul rezidențial-instituțional, în sensul că pentru majoritatea beneficiarilor, mediul familial-substitutiv are cea mai mare deschidere, disponibilitate, acceptare, determinare spre relații afectiv-simpatetice pozitive de comunicare, cooperare, incluziune, încredere, empatie, înțelegere, toleranță, înțelepciune, împăciuire, îngăduință, comuniune afectiv-emoțională și socio-umană, atașament și tratament psiho-afectiv și socio-familial nediferențiat și nediscriminatoriu, cu implicații și valențe pozitive și dezirabile asupra satisfacerii întregului registru de trebuințe, nevoi, cerințe și interese, precum și asupra procesului de dezvoltare, acomodare, adaptare și integrare familială și psiho-socio-școlară ulterioară.

Și aceasta, spre deosebire ușor de mediul rezidențial-instituțional de tip familial, în care, dincolo de existența, pe ansamblu, a unor relații reciproce pozitive similare celor din mediul familial-substitutiv, totuși, între o parte a beneficiarilor și o parte a personalului angajat din centrele de plasament, dimpotrivă, există și relații afectiv-simpatetice negative, tensionate, ostile, de aversiune, ură, necooperare, necomunicare etc., fiind însoțită de o selecție variată și preferențial-opționale de elemente de atașament afectiv-emoțional și social, chiar inexistente la un moment dat în tratamentul general aplicat acestora, așa cum acești adulți angajați își tratează în familia lor nediferențiat și nediscriminatoriu proprii săi copii, existând reale premise de îngreunare a satisfacerii trebuințelor și nevoilor specifice, precum și de îngreunare a procesului de dezvoltare, adaptare, acomodare și integrare familială și psiho-socio-școlară ulterioară.

SUMMARY

This research, focused on the detailed investigation and diagnosis of the modalities of familial, psychosocial and educational development for the children under protection in those two substitutive social environments, by comparison, has underlined that, generally, in spite of some significant progress generated in the residential-institutional environment as regards the familial, psychosocial and educational development of the children, it cannot be still ignored the fact that the general familial, psychosocial and educational situation of the children in difficulty and protected by maternal assistance is much better than that from the residential-institutional environment, meaning that for most of the beneficiaries, the family-substitutive environment has the largest opening, availability, acceptance and determination for positive emotional and sympathetic relations of communication, co-operation, inclusion, confidence, empathy, understanding, tolerance, wisdom, reconciliation, emotional and socio-human communion, fond attachment and non-differentiated and non-discriminating treatment, with positive and desirable valences and implications upon the satisfaction of the whole range of necessities, needs, requirements and interests, as well as upon the process of subsequent familial, psychosocial and educational development, accommodation, adaptation and integration.

Moreover, there is a slight difference in relation to the residential-institutional environment of family type in which, besides the existence of some general positive

9

mutual relations similar to those specific to the familial-substitutive environment, there are, on the contrary, between a part of the beneficiaries and a part of the employees of the placement institutions, some negative emotional-sympathetic relations, tensioned or hostile relations, abhorrence, hate, lack of co-operation or communication etc., accompanied by a varied and preferential selection of elements of emotional and social attachment, even by the lack of these elements in the general treatment applied to the assisted children, in the same way in which these grown-up employees treat their own children without differentiation or discrimination; thus, there are some real premises for making the satisfaction of the specific necessities and needs, as well as the process of subsequent familial, psychosocial and educational development, adaptation, accommodation and integration more difficult.

ARGUMENT

Argumentul și dezideratul principal al opțiunii pentru tema prezentei cercetări îl constituie în primul rând investigarea, radiografierea, evidențierea și evaluarea – printr-o analiză comparativă– a modalităților de dezvoltare familială și psiho-socio-școlară a copiilor aflați în dificultate, concretizat prin selectarea unui grup țintă de copii, din totalul numărului de copii aflați în dificultate ce beneficiază de o masură de protecție în cadrul instituției noastre, care, la rândul său, pentru a avea o imagine și reprezentativitate științifico-comparativă, a fost împărțit în mod egal ca număr, sex și vârstă în doua medii de dezvoltare socială de unde acești copii provin în urma măsurilor de protecție decise pentru ei, și anume: mediul de dezvoltare familial-substitutiv (copii cu măsură de protecție la familii sau persoane care au dobândit atestatul de asistent maternal profesionist) și mediul de dezvoltare rezidențial-instituțional (copii cu măsură de protecție în centrele de plasament).

De asemenea, argumentul eșantionării grupului țintă de subiecți pe cote – mediile de dezvoltare socială, sexul și vârsta- ar permite pentru studiul de față relevarea unui grad crescut de reprezentativitate, obiectivitate, veridicitate și pertinență științifică, mai ales că lotul de subiecți este relativ același, asemănător din punct de vedere al cauzelor socio-familiale care au condus la luarea unor masuri de protecție, dar diferit din punct de vedere al mediului de dezvoltare socială, al sexului și vârstei, precum și a caracteristicilor psihoindividuale și psihosociale ale acestora, ceea ce permite ca prin demersul evaluativ-comparativ ulterior decelarea, descifrarea și evidențierea fie a unor similitudini,

11

asemănări, fie anumite diferențe de dezvoltare familială și psiho-socio-școlară în cele două medii de dezvoltare socială a copiilor, mai ales că interesant ar fi de văzut ce modificări psihocomportamentale, afectiv-emoționale și social-adaptative apar la unii copii care au trăit într-un centru de plasament și cărora li s-a modificat măsura de protecție prin plasament familial la familii sau persoane atestate ca asistenți maternali profesioniști, ilustrate concret prin metodologia științifică de lucru selectată și aplicată grupului ținta.

Variabilele sex și vârstă ale lotului de subiecți selectat, ca alte argumente ale prezentei cercetări, pot fi relevante în demersul investigativ-comparativ, știut fiind faptul că pe baza metodologiei de lucru aplicată ar putea apare și aici fie asemănări, fie diferențe ale modalităților de dezvoltare familială și psiho-socio-scolară a copiilor în mediile de dezvoltare subtitutiv-familială și rezidențial-instituțională.

Într-un sens mai larg, identificarea de noi orizonturi, inspirații sau adaptări, ajustări pentru practicile de creștere, îngrijire și dezvoltare familială și psiho-socio-scolară plenară a copiilor aflați în dificultate din mediile sociale familial-substitutivă și rezidențial-instituțională, din partea actorilor sociali-profesionali implicați direct în relația cu acești copii, reprezintă un alt argument pentru cercetarea de față, mai ales că un rezultat major ce ar putea veni aproape de la sine îl poate constitui crearea de legături, conexiuni, în vederea punerii în comun a resurselor umane, material-financiare și logistico-instituționale din cadrul comunităților locale în abordarea dificultăților unui număr mai mare de copii și ale familiilor acestora.

PARTEA I

CONSIDERAȚII GENERALE

Capitolul I. Consideraţii general introductive asupra sistemului de protecţie a drepturilor copilului aflat în dificultate din România

După 1990, creşterea considerabilă a receptivităţii, interesului, preocupării şi responsabilităţii noilor instituţii ale statului român, constituite democratic, şi ale societăţii civile în ansamblu, prin organismele neguvernamentale apărute (mai ales cele care activează în domeniul protecţiei drepturilor copilului) faţă de promovarea şi respectarea drepturilor copilului aflat în dificultate din România şi, mai ales, a celor instituţionalizaţi, a fost pe deplin justificată, în condiţiile în care până în decembrie 1989 această categorie de copii trăiau în nişte condiţii greu de conceput, într-un sistem de creştere, îngrijire, dezvoltare şi educaţie de tip "cazon", fără să se ţină seama şi de alte alternative mai viabile şi benefice, cum sunt, de pilda' cele de tip familial.

Creşterea sporită şi vădită a interesului şi preocupării statului precum şi a societăţii româneşti in ansamblu pentru protecţia drepturilor copilului a fost concretizată mai intai prin semnarea şi ratificarea Convenţiei O.N.U. cu privire la respectarea drepturilor copilului, ilustrată prin Legea nr. 18 din 27 septembrie 1990, care a permis demararea si accelerarea reala si pozitiva, de-a lungul timpului, a ritmului etapizat al procesului de reforma a sistemului de protectie a drepturilor copilului in general si a protectiei drepturilor copilului aflat in dificultate in special, prin initierea si implementarea cadrului legislativ, administrativ, institutional-organizatoric si managerial, deopotriva la nivelul administratiei publice centrale si locale.

15

O dată cu elaborarea noii legislații în domeniu, a început un amplu proces de restructurare și reorganizare a caselor de copii prin transformarea majorității acestora în case de copii de tip familial, precum și promovarea (la început într-o fază incipientă) a alternativelor familiale la cea de tip rezidențial a copiilor instituționalizați. Mai târziu, prin apariția altor acte normative în acest domeniu, sistemul de protecție a copilului aflat în dificultate și, îndeosebi, a celui instituționalizat a cunoscut o modificare și restructurare spectaculoasă, radicală, în sensul transformării caselor de copii în centre de plasament, demararea procesului de dezinstituționalizare a copiilor și promovărea mai multor tipuri de alternative familiale la cele de tip rezidențial, printre care, ca o noutate, se numără și institutia *asistentului maternal profesionist* (reglementată prin H.G. nr.217/1998).

În acord cu cele mai sus illustrate, în esență, se poate spune că procesul de reformă în materie de protecție, respectare și promovare a drepturilor copiilor aflați în dificultate a putut fi concretizat prin:

- compatibilizarea legislației în domeniu cu standardele și normele europene în vigoare;
- crearea de politici și strategii sociale naționale și locale centrate cu precădere pe sprijinirea și susținerea logistică, specializată și material-financiară a familiei, inclusiv a rudelor până la gradul IV, în vederea prevenirii sau a diminuării ratei abandonului familial în randul copiilor;
- diversificarea și implementarea unor măsuri de protecție a copiilor aflați în dificultate, cu precădere de tip familial (plasament familial simplu la rude pana la gradul IV inclusiv, plasament familial la familii sau persoane ce au

dobândit calitatea de asistent maternal profesionist în urma obținerii unui atestat în acest sens etc.), ca alternative fezabile și viabile la măsurile de protecție de tip rezidențial;

• crearea de instituții publice profesionalizate și specializate la nivelul administrației publice centrale și locale, coroborat și cu crearea de organizații nonguvernamentale ce activează în domeniul protecției drepturilor copiilor aflați în dificultate, ca urmare a înființării și deschiderii în cadrul mediilor universitare a centrelor și facultăților de profil și, implicit, a unui exod de specialiști ieșiți de pe băncile acestor instituții universitare de profil pregătiți profesional să intervină eficient și prompt în acest delicat domeniu de activitate;

• desființarea centrelor de plasament de tip "mamut", "cazon" și transformarea acestora în centre de plasament cu număr redus de copii, centre de plasament sau căsuțe de protecție de tip familial.

Dacă la începutul reformei în domeniul protecției copilului se ocupau mai multe instituții guvernamentale, în prezent sarcina protecției drepturilor copilului aflat în dificultate revine unei instituții guvernamentale centrale, cu rol de conceptualizare, strategie, reglementare, reprezentare și control, precum și administrației publice locale reprezentate de consiliile județene, respectiv consiliile locale ale sectoarelor municipiului București, prin două organisme ale acestora nou create: Comisia pentru protecția drepturilor copilului, ca organ deliberativ și Serviciul public specializat pentru protecția drepturilor copilului, ca organ executiv. Aceste organisme au menirea de a pune în practică prevederile legislației în vigoare în domeniul protecției drepturilor copilului, în colaborare cu toate celelalte instituții centrale și locale implicate sub o formă sau alta în procesul de reformă al protectiei drepturilor copilului.

Capitolul 2. Definirea şi descrierea conceptelor operaţionale

2.1. Conceptul de dezvoltare bio-psiho-socială

Într-un sens restrâns, prin dezvoltare bio-psiho-socială, se înţelege o multitudine de etape/cicluri de viaţă prin care trece orice fiinţă umană în vederea unei depline atingeri a realizării de sine.

Astfel, la om, dezvoltarea nu se reduce doar la simplă creştere, evoluţie, dimpotrivă, sub influenţa factorilor biologici, fiziologici, psiho-socio-afectivi, familiali şi educaţionali apar, progresiv, noi forme de funcţionare socio-umană care îl conduc, etapizat, de pildă, de la sugarul supus principiului plăcerii (limitat strict la simpla căutare a satisfacerii trebuinţelor imediate), apoi de la copilul aflat în perioadele de creştere ulterioară supus principiului curiozităţii şi achiziţiilor cognitive (mărindu-şi îndeobşte aria de cunoaştere a tot ceea se întamplă în mediul său înconjurător apropiat – familia -, şi relativ îndepărtat – şcoala), la starea de adult conexat principiului realităţii socio-umane, pentru ca apoi comportamentul său uman să se diferenţieze şi să devină tot mai independent de contigenţele exterioare.

Într-un sens mai larg, fiecare fiinta umana are un ritm de crestere si dezvoltare care-i este propriu, distinct, remarcandu-se aici pusee rapide, stagnari, reculuri, dar in mod practic niciodata o dezvoltare liniara, ceea ce nu inseamna totusi ca nu exista si un anumit set de legi ale dezvoltarii bio-psiho-sociale. Altfel spus, omul, în decursul vieţii şi existenţei sale, este supus unor transformări, schimbări, prefaceri de ordin cantitativ şi calitativ reunite sub termenul general de dezvoltare. În funcție de nivelul la care au loc asemenea modificări, se pot desprinde *3 tipuri de dezvoltări*:

• dezvoltarea biologică,care este tradusă prin schimbările fizice, morfologice și biochimice ale organismului;

• dezvoltarea psihică, ce constă în apariția, instalarea și transformarea proceselor, funcțiilor, mecanismelor și însușirilor psihice;

• dezvoltarea socială, care este concretizată prin reglarea conduitelor individului în conformitate cu normele și cerințele impuse de colectivitate, de mediul social existențial.

Între cele 3 forme ale dezvoltării umane (biologică, psihică și socială) există o strânsă interacțiune și interdependență. Astfel, dezvoltarea psihică se realizează corelat cu cea biologică, dar nu simultan. Există unele pusee de creștere (aspect esențial al dezvoltării biologice) sau de încetinire a ritmului ei care nu sunt secondate de pusee sau încetiniri ale ritmului dezvoltării psihice. Se știe că pe la 15 ani, creșterea încetează, ceea ce nu înseamnă că încetează și dezvoltarea psihică, dimpotrivă, aceasta cunoaște o evoluție spectaculoasă. De asemenea, dezvoltarea biologică (creșterea) influențează dezvoltarea psihică, dar nu absolut și mai ales nu în mod egal de-a lungul ontogenezei. În perioadele timpurii, dezvoltarea psihică este dependentă ca ritm, viteză, limite cronologice de cea biologică: la tinerețe și maturitate însă ea capătă o relativă independență față de aceasta, ceea ce înseamnă că în anumite limite temporare și funcționale, diverse modificări anatomofiziologice nu duc la modificarea evidentă a tabloului psihic și mai ales la alterarea lui. De data aceasta, dezvoltarea psihică nu se mai subordonează celei biologice, ci intră tot mai profund sub incidenţa dimensiunilor vieţii socio-culturale. Ea devine astfel, un instrument, o pârghie de sprijinire şi susţinere a socialului, deoarece numai oamenii dezvoltaţi sub raport psihic - ca deţinători de cunoştinţe, priceperi, deprinderi, dotaţi cu aptitudini, formaţi caracterial -, sunt capabili să menţină în funcţie structurile vieţii sociale.

2.2. Conceptul de copil aflat în dificultate

Potrivit legislaţiei din domeniul protecţiei drepturilor copilului, prin copil aflat în dificultate se înţelege:
* acel copil care nu a împlinit vârsta de 18 ani şi nu are capacitate deplină de exerciţiu, a cărei îngrijire, creştere, dezvoltare, integritate fizică, morală, psihică şi educaţională este periclitată în sânul familiei naturale;
* acel copil care este privat, temporar (datorită lipsei condiţiilor corespunzătoare de creştere şi dezvoltare) sau definitiv (abandon, decesul ambilor sau a unuia dintre părinţi etc.) de mediul său familial;
* acel copil care, în propriul său interes superior, nu poate fi lăsat în mediul său natural familial (abuz, neglijenţă etc.).

De aceea, acest copil are dreptul la un ajutor special din partea statului, sprijinind în acest sens colectivitatea locală din care face parte copilul, în îndeplinirea obligaţiilor ce îi revin pentru luarea măsurilor de protecţie a acestuia, concretizate fie în promovarea alternativelor familiale (încredinţare/plasament familial, adopţie etc.), fie încredinţarea/plasamentul rezidenţial al acestuia într-un centru de plasament aflat în subordinea unui serviciu public specializat pentru protecția drepturilor copilului sau unui organism privat autorizat.

2.3. Conceptul de familie

În acord cu întreaga literatură de specialitate, prin familie se înțelege acea "instituție socială fundamentală", "perenă", "nucleul central", "celula de bază a unei societăți" etc., în cadrul căreia au loc sau se sudează o serie de relații bazate pe sentimente de dragoste, iubire, atașament afectiv – emoțional, solidaritate interumană între membrii acesteia, pe respectarea unor valori, norme, reguli, cutume unanim acceptate de către toți membrii, pe satisfacerea unor nevoi și trebuințe emoționale, spirituale, morale, psihologice, de securitate socio-afectivă, confort psihic, socializare, orientare, educare, comunicare și interacțiune socio-umană, de realizare, de înțelegere, toleranță față de semeni etc.

Familia este "prima instanță, izvorul de socializare, atât ca etapă a acestui proces, cât și ca amprentă fundamentală asupra personalității individului" (Maria Voinea). Familia, prin structura și destinația ei influențează personalitatea copiilor, educă spiritul de comunicare, cooperare, asigură transmiterea obiceiurilor și valorilor de la părinți, orientându-i din punct de vedere moral. În cadrul familiei are loc modelarea personalității copilului, trecerea de la un comportament normativ (reglat din exterior), la un comportament normal (bazat pe autoreglare și autonomie). Familia, fiind un mediu afectiv – emoțional și protector, asigură copiilor securitate, îngrijire, subzistență, sprijin material, moral și educațional, toate acestea regăsindu-se în personalitatea și conduita lor.

Prin intermediul părinților, copiii învață să aibă dorințe, interese, obiceiuri, să împartă resursele (spațiul, bunurile, jucăriile, hrana), timpul și afecțiunea părinților, învață cum este de dorit să se poarte pentru a fi acceptat, iubit, apreciat și recompensat de cei din jur, învață cum să se lupte pentru a obține un lucru, pentru a-și satisface o trebuință, dorință etc.

Familia reprezintă factorul primordial al socializării, educării și integrării sociale a copilului, al satisfacerii trebuințelor sale psihologice și sociale.

Familia reprezintă matricea care imprimă copilului cele mai importante trăsături caracteriale și morale. Valorile familiale, exercitarea rolurilor și rețeaua relațiilor interpersonale din cadrul grupului familial sunt primele repere colective ce permit copilului și, mai târziu, adolescentului înțelegerea funcționării universului social în care trăiește.

Familia este cea care asigură unitatea, intimitatea, coeziunea, trăirea grupului pe baza convergenței acțiunilor tuturor membrilor în realizarea unui scop, asigură securitate emoțională, încredere, sprijin, protecție, cadrul necesar formării, creionării și consolidării personalității.

2.4. Conceptul de mediu familial - substitutiv

Potrivit legislației în domeniu, prin familie substitutivă se înțelege acea persoană sau familie, alta decât cea care aparține familiei biologice și lărgite, care, în condițiile legii, a dobândit atestatul de asistent maternal profesionist și asigură creșterea și îngrijirea copilului.

Cu alte cuvinte, familia substitutivă reprezintă acel microgrup socio-familial, alcătuit din soț/soție, copiii și

alte rude ale acestora, după caz, care în urma procesului de
evaluare psiho-socio-familială de către specialiștii serviciului
public specializat pentru protecția copilului și a dobândirii
atestatului de asistent maternal profesionist a unuia sau a
ambilor părinți, înlocuiește, prin funcțiile, atribuțiile și
sarcinile familiale prevăzute de lege, familia naturală,
asigurând fără discriminare aceleași oportunități, privilegii și
condiții optime, normale și dezirabile, de creștere, îngrijire,
dezvoltare, securitate afectiv-emotională, socializare și
educare a copilului aflat în dificultate pe care l-a primit
temporar în plasament familial.

2.5. Conceptul de mediu rezidențial - instituțional

Prin mediu rezidențial-instituțional, se întelege acel
așezământ, stabiliment, centru de plasament, destinat
asigurării protecției, ocrotirii, asistenței de specialitate,
asistenței medicale și îngrijirii în condiții optime a tuturor
beneficiarilor aflați în dificultate (copii, persoane adulte cu
dizabilități, persoane vârstnice etc).

Pentru studiul de față, prin mediu rezidențial-
instituțional se întelege acel centru de plasament, casă sau
apartament de tip familial, destinat protecției temporare a
copiilor aflați în dificultate.

Centrul de plasament reprezintă o *componentă
funcțională* a serviciilor publice specializate pentru protecția
drepturilor copilului din subordinea D.G.A.S.P.C. .și a
Consiliilor Județene, respectiv ale Consiliile Locale al
municipiului Bucuresti, având drept scop principal
asigurarea dezvoltării armonioase a personalității copiilor
aflați în dificultate, prin promovarea modelului familial de
îngrijire, crestere, dezvoltare și educație individualizată și

personalizată, preluând în acest fel o mare parte din funcțiile și atribuțiile familiei naturale și extinse ale acestora. Altfel spus, centrul de plasament oferă protecție temporară copiilor și tinerilor aflați în dificultate până la reintegrarea acestora în familiile de origine, identificarea altor alternative familiale (încredințare/plasament familial, adopție, asistenți maternali profesioniști etc.) sau, în absența alternativelor familiale, până la finalizarea unei forme de învățământ (18 ani, respectiv 26 ani dacă mai continuă o formă de învățământ).

În esentă, protecția oferită de centrul de plasament constă în asigurarea unui cadru și climat de viață care să se apropie foarte mult de cel familial, prin crearea tuturor condițiilor de viață (asistență medicală, asistență socială, drepturi materiale și financiare, școlarizare completă, asistență psiho-pedagogică, educațională etc.), indispensabile procesului de dezvoltare armonioasă, acomodare, adaptare și integrare socială și profesională ulterioară a copiilor și tinerilor aflați în regim rezidențial.

2.6. Conceptul de mediu școlar-educațional

Prin mediu școlar-educațional se întelege totalitatea factorilor interni și externi care influențează activitatea instructiv-educativă în sistemul de învătământ, fiind un mediu organizațional complex, care ridică cu prioritate exigențe de natură psihologică și socială deopotrivă pentru cadrele didactice și elevi.

O importantă covârșitoare pentru mediul școlar o are competența profesională a cadrului didactic ce intră într-o relație de complementaritate cu particularitățile de dezvoltare ale elevului – biologice, psihologice, familiale și sociale- pe fundalul unor elemente obiective, cum ar fi: spațiul, dotarea, confortul, anumite legi și norme, numărul de elevi în clasă, organizarea școlară și serviciile auxiliare, care, în interacțiunea lor, determină eficiența actului instructiv-educativ din școală.

PARTEA II

CERCETARE DE TEREN

Capitolul 3. Metodologia cercetării

3.1. Scopul cercetării

Scopul cercetării de față îl constituie radiografierea și diagnosticarea modalităților de dezvoltare familială și psiho-socio-școlară a copiilor cu măsură de protecție instituită într-un mediu familial-substitutiv (asistență maternală) și rezidențial-instituțional (centre de plasament) din cadrul D.G.A.S.P.C. Vaslui.

3.2. Grupul țintă

Grupul țintă este alcătuit din copiii aflați în dificultate cu măsură de protecție în mediul familial-substitutiv și rezidențial-instituțional din cadrul D.G.A.S.P.C. Vaslui.

3.3. Eșantionarea grupului țintă

Selecția grupului țintă fost efectuată pe baza eșantionării non-probabilistice stratificată pe cote, după cum urmează:
- mediul de dezvoltare familial-substitutiv (asistență maternală);
- mediul de dezvoltare rezidențial-instituțional (centre de plasament);
- vârsta (10-18 ani);
- sex (fete/băieți).

Pentru asigurarea unei reprezentativități statistico-științifice comparative, veridice și obiective, pe baza eșantionării non-probabilistice stratificate pe cote, din totalul de 1600 de copii [1] aflați în dificultate cu măsură de protecție în mediul familial-substitutiv din cadrul instituției noastre de profil, am selectat un număr de 168 de copii (100%), împărțiți în două medii familial-substitutive, respectiv *84 de copii* (50%) din mediul familial-substitutiv *urban,* și alți *84 de copii* (50%) din mediul familial-substitutiv *rural,* disipați, la rândul lor, pe grupe de vârstă (10-18 ani) și sex (fete/băieți).

Aceeași distribuție am realizat-o și în rândul copiilor aflați în dificultate cu măsură de protecție în mediul rezidențial-instituțional (centre de plasament), în sensul că, din totalul de 262 de copii [2] aflați în dificultate cu măsură de protecție în mediul rezidențial-instituțional, am selectat un număr de 60 de copii (100%), împărțiți pe aceleași grupe de vârstă (10-18 ani) și sex (fete/băieți).

---

[1] Număr de copii furnizat de Serviciul de Monitorizare al D.G.A.S.P.C. Vaslui, actualizat cu data din 22 martie 2011.
[2] Idem.

Structura grupului ţintă după mediul de dezvoltare socială, vârstă şi sex

Sex	*Mediul de dezvoltare socială*									Total nr. copii
	Mediul familial-substitutiv urban			Mediul familial-substitutiv rural			Mediul rezidenţial-instituţional			
	Vârsta			*Vârsta*			*Vârsta*			
	10-12 ani	13-15 ani	16-18 ani	10-12 ani	13-15 ani	16-18 ani	10-12 ani	13-15 ani	16-18 ani	
Feminin	14	14	14	14	14	14	10	10	10	*114*
Masculin	14	14	14	14	14	14	10	10	10	*114*
Total nr. copii	*84*			*84*			60			228
	168									
Total %	100			100			100			

3.4. Formularea ipotezelor de lucru

• Ponderea menţinerii legăturilor cu familia naturală este mai crescută în rândul copiilor cu măsură de protecţie la o familie de a.m.p., decât în rândul copiilor cu măsură de protecţie într-un centru de plasament;
• Ponderea percepţiei sentimentului tratamentului discriminatoriu şi diferenţiat administrat este mai mare la copiii din mediul rezidenţial-instituţional, decât la copiii din mediul familial-substitutiv;
• Ponderea participării la evenimente spiritual-religioase organizate de biserică este mai mare la copiii din

mediul familial-substitutiv, decât la copiii din mediul rezidențial-instituțional;
• Ponderea frecventării cursurilor școlare este mai crescută în rândul copiilor din mediul familial-substitutiv, decât în rândul copiilor din mediul rezidențial-instituțional.

3.5. Metodologia de lucru a cercetării

Cercetarea, fiind de tip descriptiv-explicativ, în realizarea acesteia au fost utilizate următoarele metode de lucru:
• ancheta psiho-sociologică, pe baza căreia am purces la elaborarea a două chestionare de satisfacție;
• focus grup;
• programul statistic SPSS – variantele 13 și 19.

Chestionarele de satisfacție sunt alcătuite din 46 de itemi, însoțiți fiecare de anumite variante de răspuns. Acești itemi sunt repartizați pe patru dimensiuni ale dezvoltării copilului, după cum urmează:
• dimensiunea dezvoltării familiale, cu următorii itemi: 1,2,3,4,5,6,7,8,9,10,11;
• dimensiunea dezvoltării psihologice, cu următorii itemi: 12,13,14,15,16,17,18,19,20,21,22,23,24,25,26,27,28;
• dimensiunea dezvoltării sociale, cu următorii itemi: 29,30,31,32,33,34;
• dimensiunea dezvoltării școlare, cu următorii itemi: 35,36,37,38,39,40,41,42,43,44,45,46.

De asemenea, pentru a preveni unele răspusuri arbitrare, subiective și nesincere din partea subiecților, am introdus și unii itemi de filtru, control sau verificare. [3]

3.6. Perioada și locul de culegere a datelor de cercetare

Culegerea datelor cercetării a fost realizată în perioada *martie – iulie 2011*, în orașele *Vaslui, Negrești, Huși, Bârlad, Fălciu, Murgeni* și în localitățile limitrofe acestora.

---

[3] A se vedea anexele 1 și 2 de la finalul cercetării.

Capitolul 4. Prelucrarea statistico-comparativă primară a rezultatelor cercetării

Prelucrarea statistico-comparativă primară a rezultatelor cercetării a fost realizată prin intermediul *programului statistic SPSS –variantele 13 și 19*, pentru următoarele dimensiuni, după cum urmează:

4.1. Dimensiunea dezvoltării familiale

Tabelul și figura A.1.a.

Distribuția procentuală a răspunsurilor copiilor cu măsură de protecție la o familie de a.m.p. date la întrebarea "Unde ai mai domiciliat înainte de a fi în plasament la actuala familie de a.m.p.?"

		Frequency	Percent	Valid Percent	Cumulative Percent
Valid	în familia de origine/naturală	82	48.8	48.8	48.8
	într-o altă familie de amp	38	22.6	22.6	71.4
	într-un centru de plasament	48	28.6	28.6	100.0
	Total	168	100.0	100.0	

Unde ai mai domiciliat înainte de a fi în plasament la actuala familie de a.m.p.?

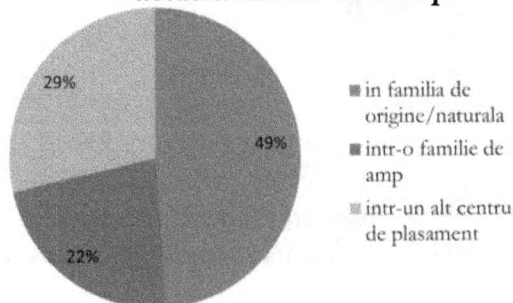

- 29%
- 49%
- 22%

- ▪ in familia de origine/naturala
- ▪ intr-o familie de amp
- ▪ intr-un alt centru de plasament

Tabelul și figura A.1.b.

Distribuția procentuală a răspunsurilor copiilor cu măsură de protecție într-un centru de plasament date la întrebarea "Unde ai mai domiciliat înainte de a fi în plasament la acest centru?"

	Frequency	Percent	Valid Percent	Cumulative Percent
Valid în familia de origine/naturală	23	38.3	38.3	38.3
într-o familie de amp	34	56.7	56.7	95.0
într-un alt centru de plasament	3	5.0	5.0	100.0
Total	60	100.0	100.0	

Unde ai mai domiciliat înainte de a fi în plasament la acest centru?

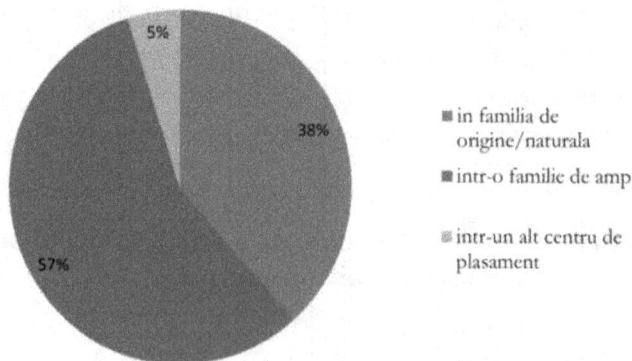

Prelucrarea statistico-comparativă a rezultatelor răspunsurilor copiilor investigați cu măsură de protecție în cele două medii sociale – substitutiv-familial și rezidențial-instituțional -cu privire la existența domiciliul dinaintea instituirii deciziei măsurii de protecţie pentru cele doua medii sociale, ne releva, pe ansamblu, o anumită diferenţiere, ca pondere a distribuţiei opţiunilor exprimate a copiilor pentru palierele variantelor de răspuns– în familia de origine, într-o familie de a.m.p. şi într-un centru de plasament.

Astfel, pentru palierul variantei de răspuns – în familia de origine -, ponderea distribuţiei răspunsurilor copiilor cu măsură de protecţie la o familie de a.m.p. este crescută (48,8%), în comparaţie cu ponderea distribuţiei răspunsurilor copiilor cu măsură de protecţie într-un centru de plasament (38,3%), având o semnificaţie şi reprezentare din punct de vedere statistico-comparativ.

Pentru palierul variantei de răspuns –într-o familie de a.m.p.- ponderea distribuţiei răspunsurilor altei categorii de copii cu măsură de protecţie la o familie de a.m.p. este mai scazută (22,6%), decât ponderea distribuţiei răspunsurilor copiilor cu măsura de protecţie la un centru de plasament (56,7%), cu semnificaţie şi relevantă majoră din perspectivă statistico-comparativă.

Pentru palierul variantei de răspuns – într-un centru de plasament -, ponderea distribuţiei răspunsurilor celeilalte categorii de copii cu măsură de protecţie la o familie de a.m.p. este mai ridicată (28,6%), spre deosebire de ponderea distribuţiei răspunsurilor copiilor cu măsură de protecţie la un centru de plasament (5%).

Tabelul și figura A.2.a.

Distribuția procentuală a răspunsurilor copiilor cu măsură de protecție la a.m.p. date la întrebarea "Care a fost cauza pentru care s-a decis măsura plasamentului tău la o familie de a.m.p.?"

		Frequency	Percent	Valid Percent	Cumulative Percent
Valid	lipsa condițiilor de creștere, îngrijire	118	70.2	70.2	70.2
	refuzul/neputin -ta celorlalte rude de a te îngriji	3	1.8	1.8	72.0
	abandon familial	26	15.5	15.5	87.5
	decesul ambilor parinți sau a unuia dintre parinții tăi	13	7.7	7.7	95.2
	abuz/neglijare din partea membrilor familiei tale	8	4.8	4.8	100.0
	Total	168	100.0	100.0	

Care a fost cauza pentru care s-a decis măsura plasamentului tău la o familie de a.m.p.?

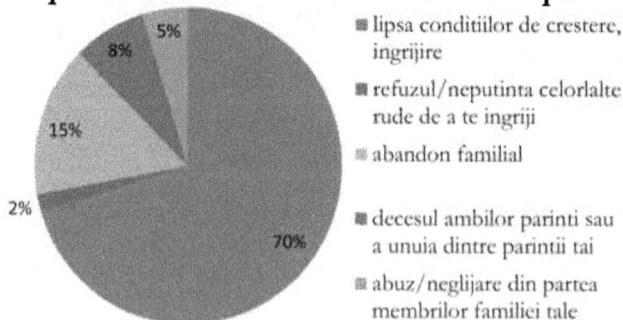

- lipsa conditiilor de crestere, ingrijire
- refuzul/neputinta celorlalte rude de a te ingriji
- abandon familial
- decesul ambilor parinti sau a unuia dintre parintii tai
- abuz/neglijare din partea membrilor familiei tale

Tabelul și figura A.2.b.

Distribuția procentuală a răspunsurilor copiilor cu măsură de protecție la un centru de plasament date la întrebarea "Care a fost cauza pentru care s-a decis măsura plasamentului tău la acest centru?"

		Frequency	Percent	Valid Percent	Cumulative Percent
Valid	lipsa condițiilor de creștere	33	55.0	55.0	55.0
	refuzul celorlalte rude de a te îngriji	2	3.3	3.3	58.3
	abandon familial	8	13.3	13.3	71.7
	decesul ambilor sau a unuia dintre părinții tă	3	5.0	5.0	76.7
	abuz/neglijare din partea membrilor familiei tale	14	23.3	23.3	100.0
	Total	60	100.0	100.0	

Care a fost cauza pentru care s-a decis masura plasamentului tău la acest centru?

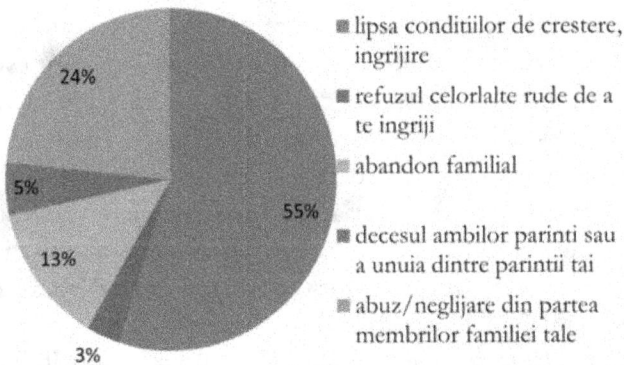

- lipsa conditiilor de crestere, ingrijire
- refuzul celorlalte rude de a te ingriji
- abandon familial
- decesul ambilor parinti sau a unuia dintre parintii tai
- abuz/neglijare din partea membrilor familiei tale

Prelucrarea statistico-comparativă a rezultatelor răspunsurilor copiilor investigați cu măsură de protecție în cele două medii sociale – substitutiv-familial și rezidențial-instituțional -cu privire la cauzele instituirii măsurii de protecție pentru cele doua medii sociale, ne relevă, pe ansamblu, o anumită diferențiere a ponderii distribuției opțiunilor exprimate a copiilor pentru palierele variantelor de răspuns– lipsa condițiilor de creștere, îngrijire, educare și dezvoltare în familia naturală, refuzul/neputința celorlalte rude până la gradul IV inclusiv de a fi îngrijiți, abandon familial, decesul ambilor sau a unuia dintre părinți, abuz/neglijare din partea membrilor familiei naturale.

Astfel, pentru palierele variantelor de răspuns –lipsa condițiilor de creștere, îngrijire, educare și dezvoltare în familia de origine și refuzul/neputința celorlalte rude până la gradul IV inclusiv de a fi îngrijiți- ponderea distribuției răspunsurilor copiilor cu măsură de protecție la o familie de a.m.p. este mai crescută (72%), în comparație cu ponderea distribuției răspunsurilor copiilor cu măsură de protecție într-un centru de plasament (58,3%), având o semnificație și reprezentare din punct de vedere statistico-comparativ.

Pentru palierul variantei de răspuns –abandon familial- ponderea distribuției răspunsurilor altei categorii de copii cu măsură de protecție la o familie de a.m.p. este ușor mai ridicată (15,5%), decât a copiilor cu măsură de protecție într-un centru de plasament (13,3%), fără însă o semnificație din punct de vedere statistico-comparativ.

Pentru palierul variantei de răspuns –decesul ambilor sau a unuia dintre părinți- ponderea distribuției răspunsurilor celeilalte categorii de copii cu măsură de protecțe la o familie de a.m.p. este, de asemenea, ușor mai crescută (7,7%), spre deosebire de ponderea distribuției răspunsurilor copiilor cu măsură de protecție la un centru de plasament (5%), fără reprezentare semnificativă din punct de vedere statistico-comparativ.

Pentru palierul variantei de răspuns –abuz/neglijare din partea membrilor familiei naturale- ponderea distribuției răspunsurilor acestei categorii de copii cu măsură de protecție la o familie de a.m.p. este cu mult mai scazută (4,8%), decât ponderea distribuției răspunsurilor copiilor cu măsură de protecție într-un centru de plasament (23,3%), având o oarecare relevanță statistico-comparativă.

Tabelul și figura A.3.a.

Distribuția procentuală a răspunsurilor copiilor cu măsură de protecție la a.m.p. date la întrebarea "Cât de des menții legătura cu familia naturală?"

		Frequency	Percent	Valid Percent	Cumulative Percent
Valid	zilnic	13	7.7	7.7	7.7
	săptămânal	34	20.2	20.2	28.0
	lunar	27	16.1	16.1	44.0
	anual	32	19.0	19.0	63.1
	niciodată	62	36.9	36.9	100.0
	Total	168	100.0	100.0	

Cât de des menții legătura cu familia naturală?

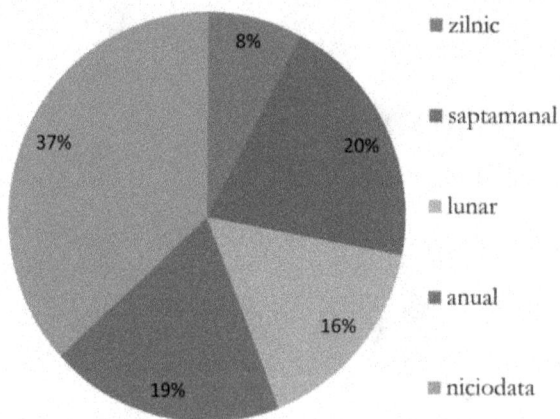

Tabelul și figura A.3.b.

Distribuția procentuală a răspunsurilor copiilor cu măsură de protecție la un centru de plasament date la întrebarea "Cât de des menții legătura cu familia naturală?"

		Frequency	Percent	Valid Percent	Cumulative Percent
Valid	zilnic	11	18.3	18.3	18.3
	săptămânal	14	23.3	23.3	41.7
	lunar	8	13.3	13.3	55.0
	anual	9	15.0	15.0	70.0
	niciodată	18	30.0	30.0	100.0
	Total	60	100.0	100.0	

Cât de des menții legătura cu familia naturală?

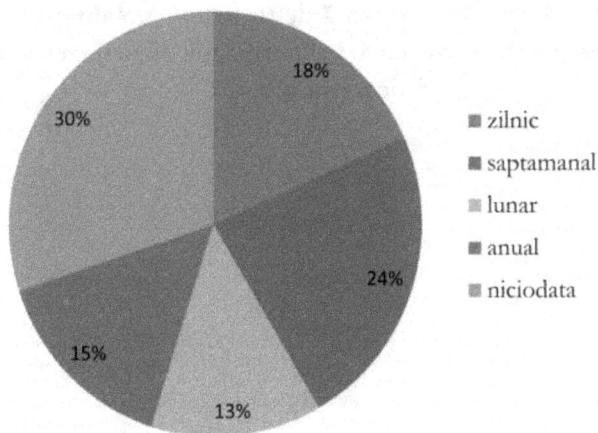

Prelucrarea statistico-comparativă a rezultatelor răspunsurilor copiilor investigați cu măsură de protecție în cele două medii sociale –substitutiv-familial și rezidențial-instituțional- cu privire la frecvența menținerii legăturilor copiilor cu familia de origine, ne relevă, pe ansamblu, o

43

anumita diferențiere a ponderii distribuției răspunsurilor exprimate a copiilor pentru palierele variantelor de răspuns– zilnic, săptămânal, lunar, anual și niciodată.

Astfel, pentru palierele variantelor de răspuns -zilnic, săptămânal și lunar- ponderea distribuției răspunsurilor copiilor cu măsură de protecție la o familie de a.m.p. este mai scazută (44%), în comparație cu ponderea distribuției răspunsurilor copiilor cu măsură de protecție într-un centru de plasament (54,9%), având o semnificație și reprezentare din punct de vedere statistico-comparativ.

Pentru palierele variantelor de răspuns –anual și niciodată- ponderea distribuției răspunsurilor copiilor cu măsură de protecție la o familie de a.m.p. este mai crescută (55,9%), în comparație cu ponderea distribuției răspunsurilor copiilor cu măsură de protecție într-un centru de plasament (45%), având o semnificație și reprezentare din punct de vedere statistico-comparativ.

Tabelul și figura A.4.a.

Distribuția procentuală a răspunsurilor copiilor cu măsură de protecție la a.m.p. date la întrebarea "De cât timp te afli în actuala familie de amp?"

		Frequency	Percent	Valid Percent	Cumulative Percent
Valid	1-3 ani	58	34.5	34.5	34.5
	4-6 ani	50	29.8	29.8	64.3
	peste 7 ani	60	35.7	35.7	100.0
	Total	168	100.0	100.0	

De cât timp te afli în actuala familie de amp?

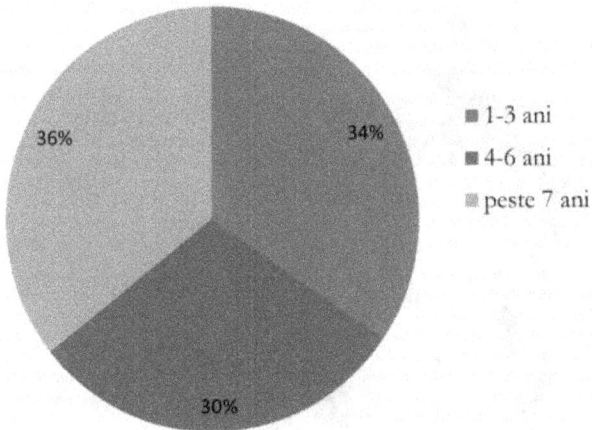

Tabelul și figura A.4.b.

Distribuția procentuală a răspunsurilor copiilor cu măsură de protecție la un centru de plasament date la întrebarea "De cât timp te afli în acest centru?"

		Frequency	Percent	Valid Percent	Cumulative Percent
Valid	1-3 ani	53	88.3	88.3	88.3
	4-6 ani	7	11.7	11.7	100.0
	Total	60	100.0	100.0	

De cât timp te afli în acest centru?

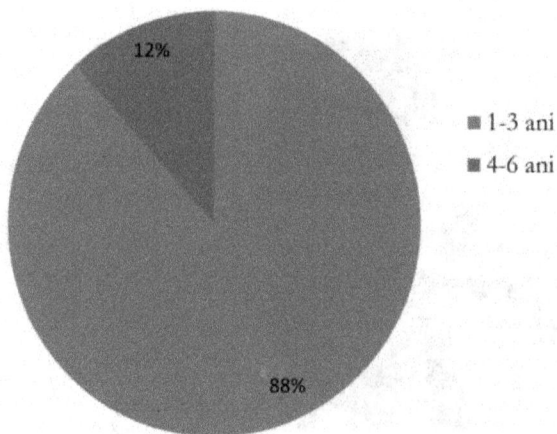

12%

88%

■ 1-3 ani

■ 4-6 ani

Prelucrarea statistico-comparativă a rezultatelor răspunsurilor copiilor investigați cu măsură de protecție în cele două medii sociale – substitutiv-familial și rezidențial-instituțional -, cu privire la timpul de ședere a copiilor în cele doua medii sociale, ne relevă, pe ansamblu, o anumită diferențiere a ponderii distribuției răspunsurilor exprimate a copiilor pentru palierele variantelor de răspuns – mai puțin de 1 an, 1-3 ani, 4-6 ani și peste 7 ani.

Astfel, pentru palierul variantei de răspuns –1-3 ani-ponderea distribuției răspunsurilor copiilor cu măsură de protecție la o familie de a.m.p. este mai scazută (34,5%), decât ponderea distribuției răspunsurilor copiilor cu măsură de protecție într-un centru de plasament (88,3%), care este foarte ridicată și cu o semnificație și reprezentare majoră din punct de vedere statistico-comparativ.

Pentru palierul variantei de răspuns –4-6 ani-ponderea distribuției răspunsurilor copiilor cu măsură de protecție la o familie de a.m.p., dimpotrivă, este mai crescută (29,8%), decât ponderea distribuției răspunsurilor copiilor cu măsură de protecție într-un centru de plasament (11,7%), fără semnificație și reprezentativitate statistico-comparativă.

Pentru palierul variantei de răspuns – peste 7 ani -, ponderea distribuției răspunsurilor copiilor cu măsură de protecție la o familie de a.m.p. este de 35,7%, în timp ce în centrele de plasament nu mai există copii cu o perioadă de ședere așa mare de timp.

Tabelul și figura A.5.a.

Distribuția procentuală a răspunsurilor copiilor cu măsură de protecție la a.m.p. date la întrebarea "Cum te-ai acomodat în actuala familie de amp?"

		Frequency	Percent	Valid Percent	Cumulative Percent
Valid	foarte bine	143	85.1	85.1	85.1
	bine	20	11.9	11.9	97.0
	puțin	1	.6	.6	97.6
	foarte puțin	3	1.8	1.8	99.4
	deloc	1	.6	.6	100.0
	Total	168	100.0	100.0	

Cum te-ai acomodat în actuala familie de amp?

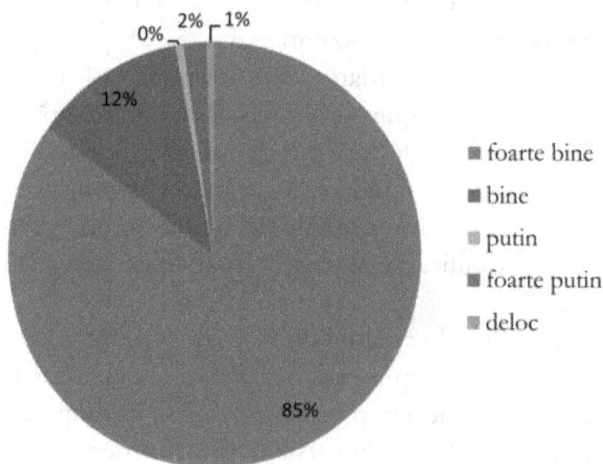

Tabelul și figura A.5.b.

Distribuția procentuală a răspunsurilor copiilor cu măsură de protecție la un centru de plasament date la întrebarea "Cum te-ai acomodat în acest centru?"

		Frequency	Percent	Valid Percent	Cumulative Percent
Valid	foarte bine	31	51.7	51.7	51.7
	bine	22	36.7	36.7	88.3
	puțin	4	6.7	6.7	95.0
	foarte puțin	3	5.0	5.0	100.0
	Total	60	100.0	100.0	

Cum te-ai acomodat în acest centru?

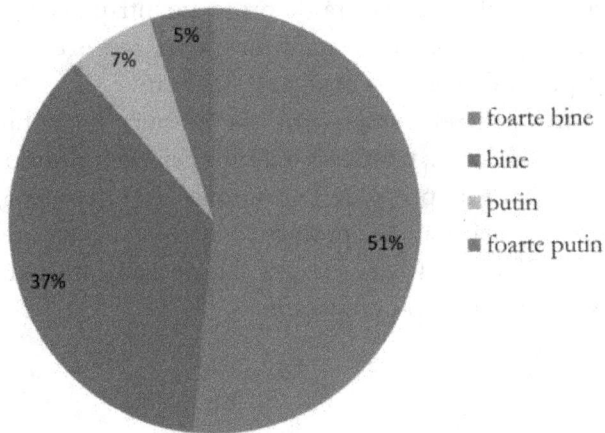

Prelucrarea statistico-comparativă a rezultatelor răspunsurilor copiilor investigați cu măsură de protecție în cele două medii sociale – substitutiv-familial si rezidențial-instituțional -, cu privire la nivelul modalităților de acomodare în cele două medii sociale, ne relevă, pe ansamblu, o ușoară similitudine a ponderii distribuției răspunsurilor exprimate a copiilor pentru palierele variantelor de răspuns – foarte bine, bine, puțin, foarte puțin și deloc.

Astfel, pentru palierele variantelor de răspuns – foarte bine și bine -, ponderea distribuției răspunsurilor copiilor cu măsură de protecție la o familie de a.m.p. este foarte crescută (97%), ca de altfel și ponderea distribuției răspunsurilor copiilor cu măsură de protecție într-un centru de plasament (88,4%), cu o semnificație și reprezentare majoră din punct de vedere statistico-comparativ.

Pentru palierele variantelor de răspuns – puțin, foarte puțin și deloc -, ponderea distribuției răspunsurilor copiilor cu măsură de protecție la o familie de a.m.p. (3%) și a celor cu măsură de protecție într-un centru de plasament (11,7%) este foarte scazută și nesemnificativă din punct de vedere statistico-comparativ.

Tabelul şi figura A.6.a.

Distribuţia procentuală a răspunsurilor copiilor cu măsură de protecţie la a.m.p. date la întrebarea "Eşti mulţumit cu actuala măsură de protecţie care s-a decis pentru tine?"

		Frequency	Percent	Valid Percent	Cumulative Percent
Valid	foarte mult	144	85.7	85.7	85.7
	mult	21	12.5	12.5	98.2
	puţin	3	1.8	1.8	100.0
	Total	168	100.0	100.0	

Eşti mulţumit cu actuala măsură de protecţie care s-a decis pentru tine?

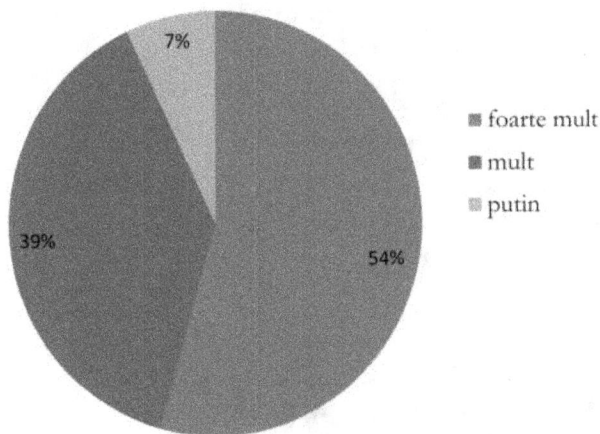

Tabelul și figura A.6.b.

Distribuția procentuală a răspunsurilor copiilor cu măsură de protecție la un centru de plasament date la întrebarea "Ești mulțumit cu actuala măsură de protecție care s-a decis pentru tine?"

		Frequency	Percent	Valid Percent	Cumulative Percent
Valid	foarte mult	34	56.7	56.7	56.7
	mult	10	16.7	16.7	73.3
	puțin	9	15.0	15.0	88.3
	foarte puțin	6	10.0	10.0	98.3
	deloc	1	1.7	1.7	100.0
	Total	60	100.0	100.0	

Ești mulțumit cu actuala măsură de protecție care s-a decis pentru tine?

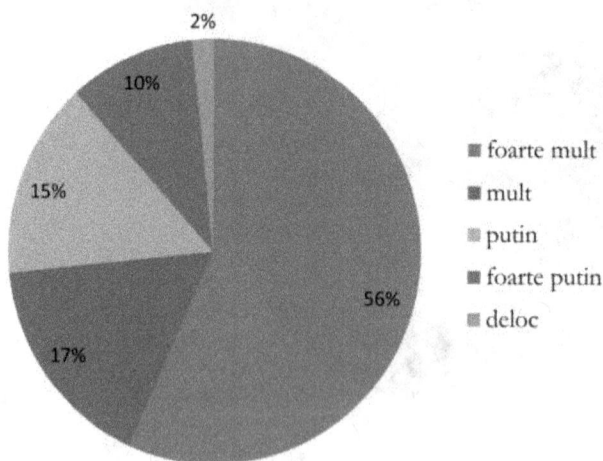

Prelucrarea statistico-comparativă a rezultatelor răspunsurilor copiilor investigați cu măsură de protecție în cele două medii sociale – substitutiv-familial și rezidențial-instituțional -, cu privire la gradul de mulțumire și satisfacție al actualei măsuri de protecție decise pentru ei -, ne relevă, pe ansamblu, o ușoară diferențiere a ponderii distribuției răspunsurilor exprimate a copiilor pentru palierele variantelor de răspuns – foarte mult, mult, puțin, foarte puțin, deloc.

Astfel, pentru palierele variantelor de răspuns – foarte mult și mult -, ponderea distribuției răspunsurilor copiilor cu măsură de protecție la o familie de a.m.p. este foarte crescută (98,2%), în comparație ușor cu ponderea distribuției răspunsurilor copiilor cu măsură de protecție într-un centru de plasament (73,4%), cu o semnificație și reprezentare majoră din punct de vedere statistico-comparativ.

Pentru palierele variantelor de răspuns – puțin, foarte puțin și deloc -, ponderea distribuției răspunsurilor copiilor cu măsură de protecție la o familie de a.m.p. este foarte scazută (1,8%), în comparație cu ponderea distribuției răspunsurilor copiilor cu măsură de protecție într-un centru de plasament (26,7%), fără însă o semnificație și reprezentare din punct de vedere statistico-comparativ.

Tabelul și figura A.7.a.

Distribuția procentuală a răspunsurilor copiilor cu măsură de protecție la
a.m.p. date la întrebarea "Care este persoana din familia de amp cu care
te înțelegi cel mai bine?"

		Frequency	Percent	Valid Percent	Cumulative Percent
Valid	mama	135	80.4	80.4	80.4
	tata	18	10.7	10.7	91.1
	copii acestora	15	8.9	8.9	100.0
	Total	168	100.0	100.0	

Care este persoana din familia de amp cu care te înțelegi cel mai bine?

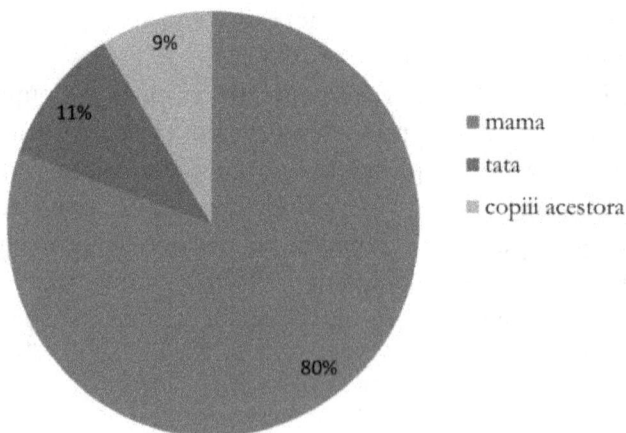

Tabelul și figura A.7.b.

Distribuția procentuală a răspunsurilor copiilor cu măsură de protecție la un centru de plasament date la întrebarea "Care este persoana din centru cu care te înțelegi cel mai bine?"

		Frequency	Percent	Valid Percent	Cumulative Percent
Valid	șef centru	15	25.0	25.0	25.0
	educator	16	26.7	26.7	51.7
	asistentul social	16	26.7	26.7	78.3
	psiholog	10	16.7	16.7	95.0
	bucătar	1	1.7	1.7	96.7
	paznic	2	3.3	3.3	100.0
	Total	60	100.0	100.0	

Care este persoana din centru cu care te înțelegi cel mai bine?

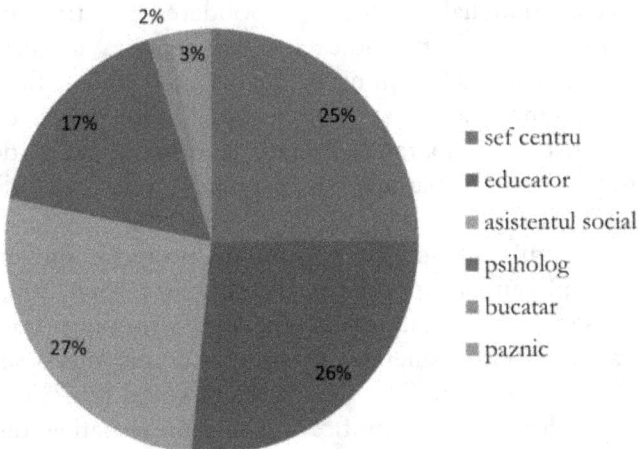

- sef centru
- educator
- asistentul social
- psiholog
- bucatar
- paznic

Prelucrarea statistico-comparativă a rezultatelor răspunsurilor copiilor investigaţi cu măsură de protecţie în cele două medii sociale – substitutiv-familial şi rezidenţial-instituţional -, cu privire la persoana adultă cu care se înţeleg cel mai bine copiii -, ne relevă, pe ansamblu, o diferenţiere a ponderii distribuţiei răspunsurilor exprimate a copiilor pentru palierele variantelor de răspuns – "mama", "tata" şi copiii acestora -, în cazul copiilor cu măsură de protecţie într-o familie de a.m.p., şi pentru palierele variantelor de răspuns – şef centru, asistent social, educator, psiholog, bucătar şi paznic -, în cazul copiilor cu măsură de protecţie într-un centru de plasament. Această diferenţiere este exprimată mai ales prin natura numărului diversificat al persoanelor adulte implicate în tipuri variate de activităţi specifice ce trebuie realizate în relaţia cu copiii din cele două medii sociale substitutive amintite.

Astfel, în cazul copiilor cu măsură de protecţie într-un mediu familial-substitutiv, ponderea distribuţiei răspunsurilor este foarte ridicată şi concentrată în jurul palierelui variantei de răspuns – "mama" (80,4%) -, fiind destul de semnificativă şi reprezentativă din punct de vedere statistico-comparativ, urmată la distanţă mare de celelalte paliere ale variantelor de răspuns – "tata" şi copiii din a.m.p. (19,6%).

În cazul copiilor cu măsură de protecţie într-un centru de plasament, ponderea distribuţiei răspunsurilor este, de asemenea, variată, relativ echilibrată şi concentrată cu precădere în jurul palierelor variantelor de răspuns – şef centru (25%), educator (26,7%) şi asistent social (26,7%) -, această pondere fiind semnificativă şi reprezentativă din punct de vedere statistico-comparativ, urmată în descreştere de celelalte paliere ale variantelor de răspuns – psiholog (16,7%), bucatar (1,7%) şi paznic (3,3%).

Tabelul și figura A.8.a.

Distribuția procentuală a răspunsurilor copiilor cu măsură de protecție la a.m.p. date la întrebarea "Cât de des "familia" te încurajează în menținerea legăturilor cu membrii familiei tale de origine?"

		Frequency	Percent	Valid Percent	Cumulative Percent
Valid	foarte des	74	44.0	44.0	44.0
	des	45	26.8	26.8	70.8
	rar	6	3.6	3.6	74.4
	foarte rar	2	1.2	1.2	75.6
	Niciodată	15	8.9	8.9	84.5
	nu este cazul	26	15.5	15.5	100.0
	Total	168	100.0	100.0	

Cât de des "familia" te încurajează în menținerea legăturilor cu membrii familiei tale de origine?

Tabelul și figura A.8.b.

Distribuția procentuală a răspunsurilor copiilor cu măsură de protecție la un centru de plasament date la întrebarea "Cât de des personalul lucrativ din centru te încurajează în menținerea legăturilor cu membrii familiei tale?"

		Frequency	Percent	Valid Percent	Cumulative Percent
Valid	foarte des	20	33.3	33.3	33.3
	des	23	38.3	38.3	71.7
	rar	7	11.7	11.7	83.3
	foarte rar	2	3.3	3.3	86.7
	Niciodată	2	3.3	3.3	90.0
	nu este cazul	6	10.0	10.0	100.0
	Total	60	100.0	100.0	

Cât de des personalul lucrativ din centru te încurajează în menținerea legăturilor cu membrii familiei tale?

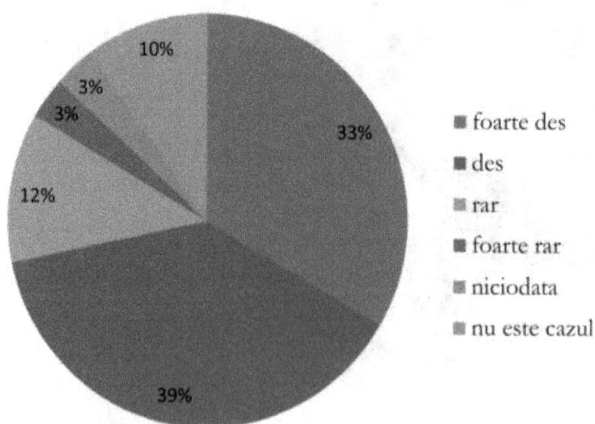

Prelucrarea statistico-comparativă a rezultatelor răspunsurilor copiilor investigați cu măsură de protecție în cele două medii sociale – substitutiv-familial și rezidențial-instituțional -, cu privire la nivelul de încurajare a menținerii legăturilor cu membrii familiei de origine a copiilor din partea "familiilor" lor, respectiv din partea personalului angajat al centrelor de plasament -, ne relevă, pe ansamblu, o ușoară similitudine a ponderii distribuției răspunsurilor exprimate a copiilor pentru palierele variantelor de răspuns – foarte des, des, rar, foarte rar, niciodată și nu este cazul.

Astfel, pentru palierele variantelor de răspuns – foarte des și des- ponderea distribuției răspunsurilor copiilor cu măsură de protecție la o familie de a.m.p. (70,8%) și cu măsură de protecție într-un centru de plasament (71,6%) este crescută și ușor echilibrată, cu o semnificație și reprezentare majoră din punct de vedere statistico-comparativ.

Pentru categoria de copii din mediul familial-substitutiv (4,8%) și cea din mediul rezidențial-instituțional (15%), ponderea distribuției răspunsurilor fluctuează în jurul palierelor variantelor de răspuns – rar și foarte rar -, fără semnificație statistico-comparativă.

Pentru categoria copiilor din mediul familial-substitutiv (24,4%) și din mediul rezidențial-instituțional (13,3%), ponderea distribuției răspunsurilor este focalizată în jurul palierelor variantelor de răspuns – niciodată și nu este cazul- neavând semnificație statistico-comparativă.

Tabelul şi figura A.9.a.

Distribuţia procentuală a răspunsurilor copiilor cu măsură de protecţie la a.m.p.date la întrebarea "Familia ta naturală participă la evenimentele importante din viaţa ta?"

		Frequency	Percent	Valid Percent	Cumulative Percent
Valid	da	54	32.1	32.1	32.1
	nu	84	50.0	50.0	82.1
	nu este cazul	30	17.9	17.9	100.0
	Total	168	100.0	100.0	

Familia ta naturală participă la evenimentele importante din viaţa ta?

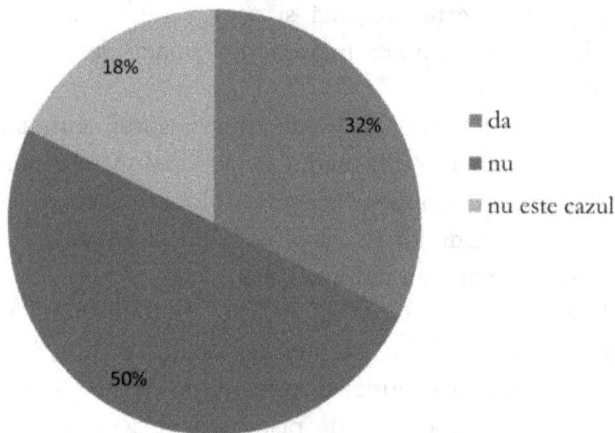

18%
32%
50%
■ da
■ nu
■ nu este cazul

Tabelul şi figura A.9.b.

Distribuţia procentuală a răspunsurilor copiilor cu măsură de protecţie la un centru de plasament date la întrebarea "Familia ta naturală participă la evenimentele importante din viaţa ta?"

		Frequency	Percent	Valid Percent	Cumulative Percent
Valid	da	18	30.0	30.0	30.0
	nu	33	55.0	55.0	85.0
	nu este cazul	9	15.0	15.0	100.0
	Total	60	100.0	100.0	

Familia ta naturală participă la evenimentele importante din viaţa ta?

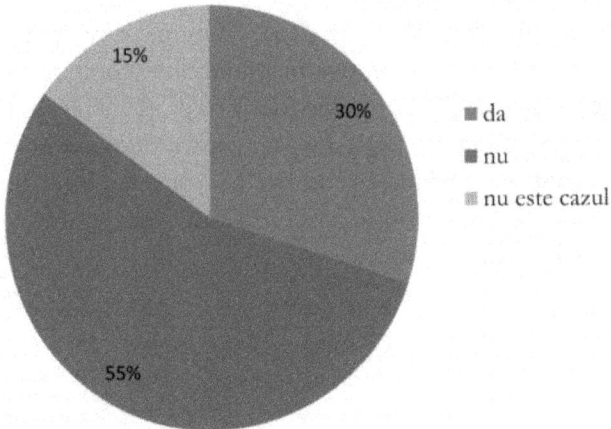

Prelucrarea statistico-comparativă a rezultatelor răspunsurilor copiilor investigați cu măsură de protecție în cele două medii sociale – substitutiv-familial și rezidențial-instituțional -, cu privire la participarea familiei naturale la evenimentele importante din viața copiilor -, ne relevă, pe ansamblu, o ușoară similitudine a ponderii distribuției răspunsurilor exprimate a copiilor pentru palierele variantelor de răspuns – da, nu și nu este cazul.

Astfel, pentru palierul variantei de răspuns – da -, ponderea distribuției răspunsurilor copiilor cu măsură de protecție la o familie de a.m.p. (32,1%) și cu măsură de protecție într-un centru de plasament (30%) este relativ scazută și ușor echilibrată pentru cele două categorii de copii, cu o semnificație și reprezentare redusă din punct de vedere statistico-comparativ.

Pentru palierele variantelor de răspuns – nu și nu este cazul- ponderea distribuției răspunsurilor copiilor cu măsură de protecție la o familie de a.m.p. (67,9%) și a copiilor cu măsură de protecție într-un centru de plasament (70%) este ridicată, îndeosebi pentru palierul variantei de răspuns – nu- având semnificație majoră din punct de vedere statistico-comparativ.

Tabelul și figura A.10.a.

Distribuția procentuală a răspunsurilor copiilor cu măsură de protecție la a.m.p. date la întrebarea "Participi cu plăcere la treburile casnico-gospodărești din familie?"

		Frequency	Percent	Valid Percent	Cumulative Percent
Valid	foarte des	99	58.9	58.9	58.9
	des	52	31.0	31.0	89.9
	rar	10	6.0	6.0	95.8
	foarte rar	7	4.2	4.2	100.0
	Total	168	100.0	100.0	

Participi cu plăcere la treburile casnico-gospodărești din familie?

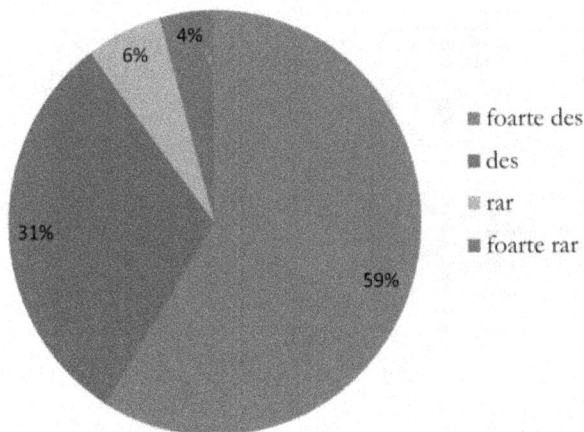

63

Tabelul și figura A.10.b.

Distribuția procentuală a răspunsurilor copiilor cu măsură de protecție la un centru de plasament date la întrebarea "Participi cu plăcere la treburile casnico-gospodărești din centru?"

		Frequency	Percent	Valid Percent	Cumulative Percent
Valid	foarte des	18	30.0	30.0	30.0
	des	23	38.3	38.3	68.3
	rar	14	23.3	23.3	91.7
	foarte rar	5	8.3	8.3	100.0
	Total	60	100.0	100.0	

Participi cu plăcere la treburile casnico-gospodărești din centru?

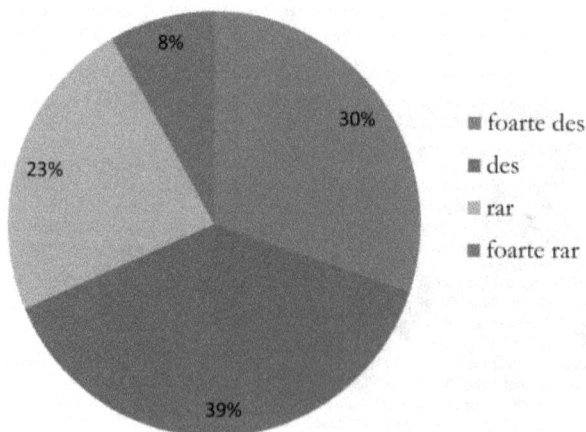

Prelucrarea statistico-comparativă a rezultatelor răspunsurilor copiilor investigați cu măsură de protecție în cele două medii sociale – substitutiv-familial și rezidențial-instituțional- cu privire la nivelul de participare din plăcere la treburile casnico-gospodărești a copiilor în cele două medii sociale- ne relevă, pe ansamblu, o ușoară diferențiere a ponderii distribuției răspunsurilor exprimate a copiilor pentru palierele variantelor de răspuns – foarte des, des, rar, foarte, rar și niciodată.

Astfel, pentru palierele variantelor de răspuns – foarte des și des -, ponderea distribuției răspunsurilor copiilor cu măsură de protecție la o familie de a.m.p. este mai ridicată (89,9%), decât a copiilor cu măsură de protecție într-un centru de plasament (68,3%), cu o semnificație și reprezentare majoră din punct de vedere statistico-comparativ.

Pentru palierele variantelor de răspuns – rar și foarte rar -, ponderea distribuției răspunsurilor copiilor cu măsură de protecție la o familie de a.m.p. este mai scazută (10,2%), spre deosebire de cea a copiilor din centrele de plasament (31,6%), fără însă o semnificație și reprezentare din perspectivă statistico-comparativă.

Tabelul şi figura A.11.a.

Distribuţia procentuală a răspunsurilor copiilor cu măsură de protecţie la a.m.p. date la întrebarea "Cine crezi că ar trebui să fie responsabil pentru creşterea copilului?"

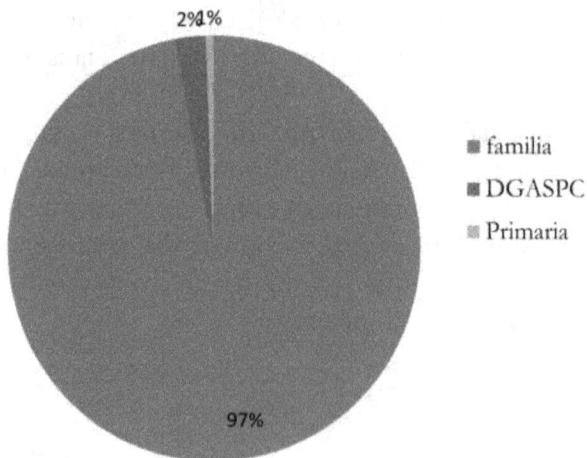

		Frequency	Percent	Valid Percent	Cumulative Percent
Valid	familia	163	97.0	97.0	97.0
	DGASPC	4	2.4	2.4	99.4
	Primaria	1	.6	.6	100.0
	Total	168	100.0	100.0	

Cine crezi că ar trebui să fie responsabil pentru creşterea copilului?

2%1%

97%

- familia
- DGASPC
- Primaria

Tabelul şi figura A.11.b.

Distribuţia procentuală a răspunsurilor copiilor cu măsură de protecţie la un centru de plasament date la întrebarea "Cine crezi că ar trebui să fie responsabil pentru creşterea copilului?"

		Frequency	Percent	Valid Percent	Cumulative Percent
Valid	familia	48	80.0	80.0	80.0
	DGASPC	7	11.7	11.7	91.7
	Primaria	3	5.0	5.0	96.7
	Şcoala	2	3.3	3.3	100.0
	Total	60	100.0	100.0	

Cine crezi că ar trebui să fie responsabil pentru creşterea copilului?

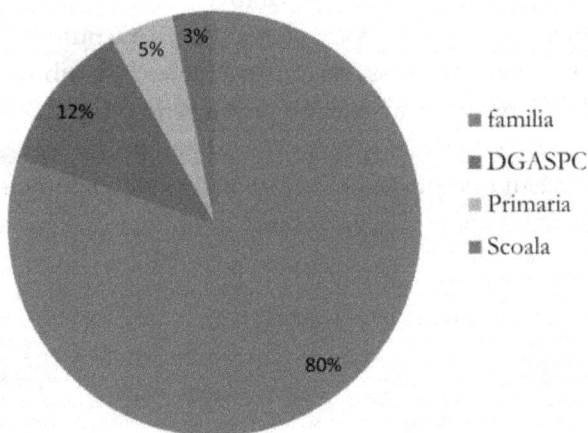

67

Prelucrarea statistico-comparativă a rezultatelor răspunsurilor copiilor investigați cu măsură de protecție în cele două medii sociale – substitutiv-familial și rezidențial-instituțional -, cu privire la responsabilitatea principală a creșterii copilului -, ne relevă, pe ansamblu, o ușoară diferențiere a ponderii distribuției răspunsurilor exprimate a copiilor pentru palierele variantelor de răspuns – familia, D.G.A.S.P.C., primaria, școala, organizații neguvernamentale, biserica, oameni de afaceri și altele.

Astfel, pentru palierul variantei de răspuns – familia -, ponderea distribuției răspunsurilor copiilor cu măsură de protecție la o familie de a.m.p. este ușor mai ridicată (97%), decât a copiilor cu măsură de protecție într-un centru de plasament (80%), cu o semnificație și reprezentare majoră din punct de vedere statistico-comparativ.

Pentru palierele variantelor de răspuns – D.G.A.S.P.C., primaria, sșoala -, ponderea distribuției răspunsurilor copiilor cu măsură de protecție la o familie de a.m.p. este foarte scazută (3%), în comparație cu cea a copiilor cu măsură de protecție într-un centru de plasament (20%), fără semnificație și reprezentare din punct de vedere statistico-comparativ.

4.2. Dimensiunea dezvoltării psihologice

Tabelul și figura B.12.a.

Distribuția procentuală a răspunsurilor copiilor cu măsură de protecție la a.m.p. date la întrebarea "Cât de des ai sentimentul că ești singur, de neînțeles și neajutorat?"

		Frequency	Percent	Valid Percent	Cumulative Percent
Valid	foarte des	14	8.3	8.4	8.4
	des	8	4.8	4.8	13.2
	rar	36	21.4	21.6	34.7
	foarte rar	38	22.6	22.8	57.5
	Niciodată	71	42.3	42.5	100.0
	Total	167	99.4	100.0	
Missing	System	1	.6		
	Total	168	100.0		

Cât de des ai sentimentul că ești singur, de neînțeles și neajutorat?

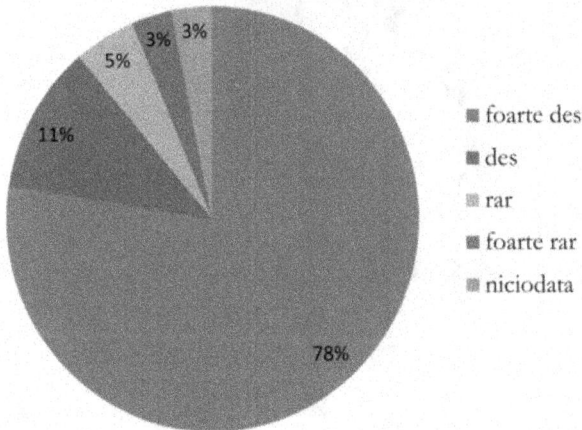

- foarte des
- des
- rar
- foarte rar
- niciodata

Tabelul şi figura B.12.b.

Distribuţia procentuală a răspunsurilor copiilor cu măsură de protecţie la acest centru de plasament date la întrebarea "Cât de des ai sentimentul că eşti singur, de neînţeles şi neajutorat?"

		Frequency	Percent	Valid Percent	Cumulative Percent
Valid	foarte des	8	13.3	13.3	13.3
	des	14	23.3	23.3	36.7
	rar	23	38.3	38.3	75.0
	foarte rar	7	11.7	11.7	86.7
	niciodata	8	13.3	13.3	100.0
	Total	60	100.0	100.0	

Cât de des ai sentimentul că eşti singur, de neînţeles şi neajutorat?

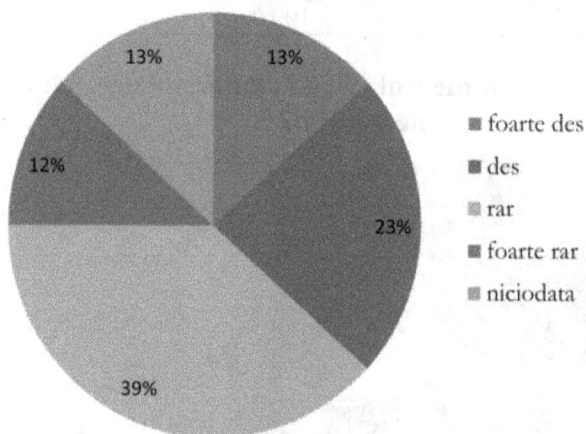

- foarte des
- des
- rar
- foarte rar
- niciodata

Prelucrarea statistico-comparativă a rezultatelor răspunsurilor copiilor investigați cu măsură de protecție în cele două medii sociale – substitutiv-familial și rezidențial-instituțional- cu privire la nivelul sentimentului de singurătate, neînțelegere și neajutorare a copiilor în cele două medii sociale -, ne relevă, pe ansamblu, o anumită diferențiere a ponderii distribuției răspunsurilor exprimate a copiilor pentru palierele variantelor de răspuns – foarte des, des, rar, foarte, rar și niciodată.

Astfel, pentru palierele variantelor de răspuns – niciodată, foarte rar și rar -, ponderea distribuției răspunsurilor copiilor cu măsură de protecție la o familie de a.m.p. este mai crescută (86,9%), decât a copiilor cu măsură de protecție într-un centru de plasament (63,3%), cu o semnificație și reprezentare majoră din punct de vedere statistico-comparativ.

Pentru palerele variantelor de răspuns – foarte des și des- ponderea distribuției răspunsurilor copiilor din mediul familial-substitutiv este mai scazută din punct de vedere statistico-comparativ (13,2%), spre deosebire de mediul rezidențial-instituțional (36,6%), fără semnificație și reprezentativitate statistico-comparativă.

Tabelul și figura B.13.a.

Distribuția procentuală a răspunsurilor copiilor cu măsura de protecție la a.m.p. date la întrebarea "Te-ai simțit vreodată discriminat, neîndreptățit de "părinții tai" în raport cu proprii lor copii?"

		Frequency	Percent	Valid Percent	Cumulative Percent
Valid	foarte mult	11	6.5	6.5	6.5
	mult	1	.6	.6	7.1
	puțin	15	8.9	8.9	16.1
	foarte puțin	17	10.1	10.1	26.2
	Deloc	124	73.8	73.8	100.0
	Total	168	100.0	100.0	

Te-ai simțit vreodată discriminat, neîndreptățit de "părinții tăi" în raport cu proprii lor copii?

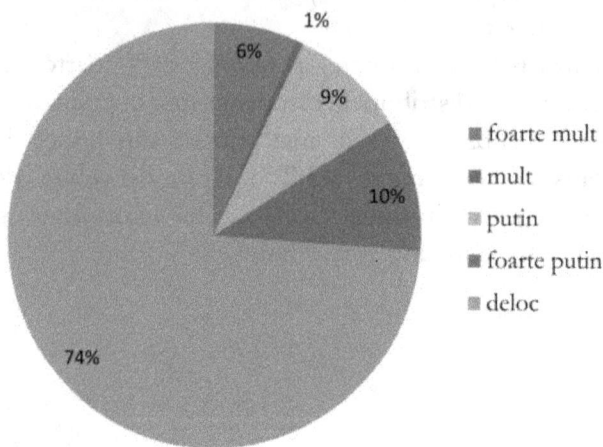

Tabelul şi figura B.13.b.

Distribuţia procentuală a răspunsurilor copiilor cu măsură de protecţie la un centru de plasament date la întrebarea "Te-ai simţit vreodată discriminat, neîndreptăţit de personalul lucrativ al centrului în raport cu alţi copii/ tineri?"

		Frequency	Percent	Valid Percent	Cumulative Percent
Valid	foarte mult	4	6.7	6.7	6.7
	mult	5	8.3	8.3	15.0
	puţin	24	40.0	40.0	55.0
	foarte puţin	8	13.3	13.3	68.3
	Deloc	19	31.7	31.7	100.0
	Total	60	100.0	100.0	

Te-ai simţit vreodată discriminat, neîndreptăţit de personalul lucrativ al centrului în raport cu alţi copii/tineri?

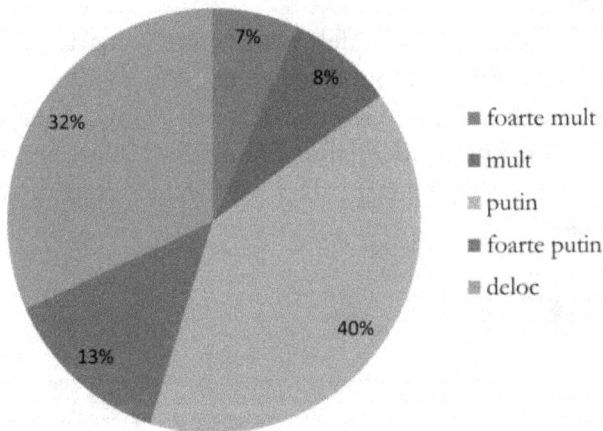

Prelucrarea statistico-comparativă a rezultatelor răspunsurilor copiilor investigați cu măsură de protecție în cele două medii sociale – substitutiv-familial și rezidențial-instituțional -, cu privire la nivelul sentimentului de discriminare și neîndreptățire a copiilor de către adulții a.m.p. și personalul angajat al centrelor de plasament în raport cu proprii lor copii sau cu alți copii/tineri din mediul rezidențial-instituțional -, ne relevă, pe ansamblu, o ușoară diferențiere a ponderii distribuției răspunsurilor exprimate a copiilor pentru palierele variantelor de răspuns – foarte mult, mult, puțin, foarte puțin și deloc.

Astfel, pentru palierele variantelor de răspuns – puțin, foarte puțin și deloc -, ponderea distribuției răspunsurilor copiilor cu măsură de protecție la o familie de a.m.p. este mai crescută (92,8%), decât a copiilor cu măsură de protecție într-un centru de plasament (85%), cu o semnificație și reprezentare majoră din punct de vedere statistico-comparativ.

Pentru palierele variantelor de răspuns – foarte mult și mult -, ponderea distribuției răspunsurilor copiilor din mediul familial-substitutiv este mai scazută (7,1%), decât a copiilor din mediul rezidențial-instituțional (15%), fără o semnificație și reprezentare din perspectivă statistico-comparativă.

Tabelul şi figura B.14.a.

Distribuţia procentuală a răspunsurilor copiilor cu măsură de protecţie la a.m.p. date la întrebarea "Ai sentimentul că eşti iubit, apreciat de "părinţii tăi" sau ceilalţi membri ai familiei acestora?"

		Frequency	Percent	Valid Percent	Cumulative Percent
Valid	foarte mult	123	73.2	73.2	73.2
	mult	33	19.6	19.6	92.9
	puţin	6	3.6	3.6	96.4
	foarte puţin	2	1.2	1.2	97.6
	Deloc	4	2.4	2.4	100.0
	Total	168	100.0	100.0	

Ai sentimentul că eşti iubit, apreciat de "părinţii tăi" sau ceilalţi membri ai familiei acestora?

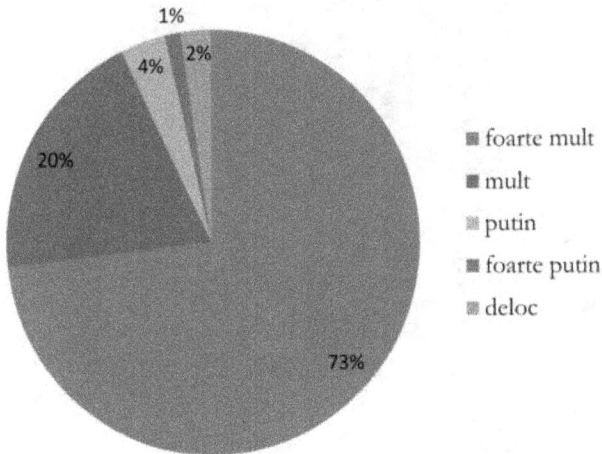

Tabelul şi figura B.14.b.

Distribuția procentuală a răspunsurilor copiilor cu măsură de protecție la un centru de plasament date la întrebarea "Ai sentimentul că ești iubit, apreciat de personalul lucrativ al centrului?"

		Frequency	Percent	Valid Percent	Cumulative Percent
Valid	foarte mult	19	31.7	31.7	31.7
	mult	16	26.7	26.7	58.3
	puțin	25	41.7	41.7	100.0
	Total	60	100.0	100.0	

Ai sentimentul că eşti iubit, apreciat de personalul lucrativ al centrului?

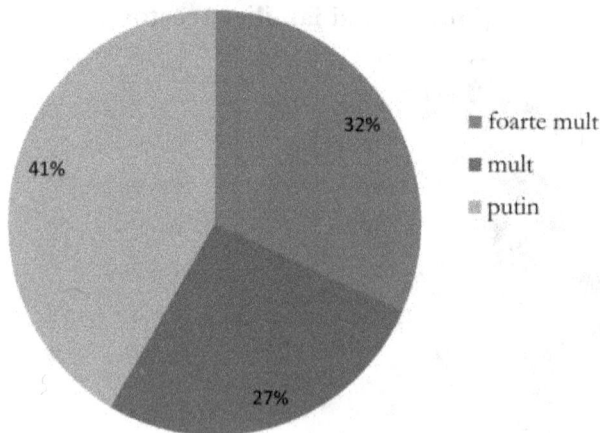

Prelucrarea statistico-comparativă a rezultatelor răspunsurilor copiilor investigați cu măsură de protecție în cele două medii sociale – substitutiv-familial și rezidențial-instituțional -, cu privire la nivelul sentimentului de iubire și apreciere a copiilor de către adulții a.m.p. și membrii familiilor acestora și personalul angajat al centrelor de plasament -, ne relevă, pe ansamblu, o anumită diferențiere a ponderii distribuției răspunsurilor exprimate a copiilor pentru palierele variantelor de răspuns – foarte mult, mult, puțin, foarte puțin și deloc.

Astfel, pentru palierele variantelor de răspuns – foarte mult și mult -, ponderea distribuției răspunsurilor copiilor cu măsură de protecție la o familie de a.m.p. este mai crescută (92,8%), decât a copiilor cu măsură de protecție într-un centru de plasament (58,4%), cu o semnificație și reprezentare majoră din punct de vedere statistico-comparativ.

Pentru palierele variantelor de răspuns – puțin, foarte puțin și deloc -, ponderea distribuției răspunsurilor copiilor din mediul familial-substitutiv este foarte scazută (7,2%), în comparație cu cea a copiilor din mediul rezidențial-instituțional (41,7%), care este relativ crescută și cu o ușoară semnificație și reprezentare din perspectivă statistico-comparativă.

Tabelul și figura B.15.a.

Distribuția procentuală a răspunsurilor copiilor cu măsură de protecție la a.m.p. date la întrebarea "Cât de des îți recunoști vina atunci când greșești?"

		Frequency	Percent	Valid Percent	Cumulative Percent
Valid	foarte des	33	19.6	19.6	19.6
	des	71	42.3	42.3	61.9
	rar	46	27.4	27.4	89.3
	foarte rar	12	7.1	7.1	96.4
	Niciodată	6	3.6	3.6	100.0
	Total	168	100.0	100.0	

Cât de des îți recunoști vina atunci când greșești?

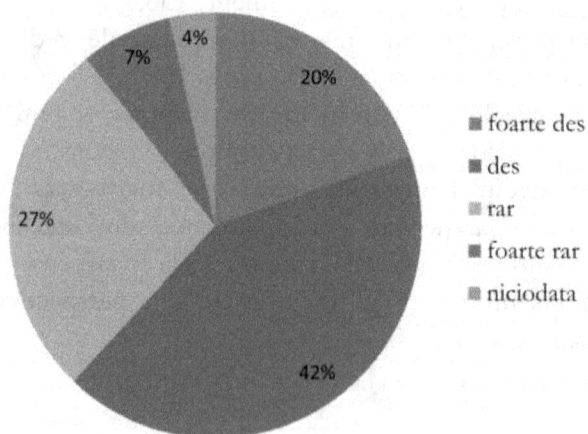

78

Tabelul și figura B.15.b.

Distribuția procentuală a răspunsurilor copiilor cu măsură de protecție la un centru de plasament date la întrebarea "Cât de des îți recunoști vina atunci când greșești?"

	Frequency	Percent	Valid Percent	Cumulative Percent
foarte des	11	18.3	18.3	18.3
des	25	41.7	41.7	60.0
rar	18	30.0	30.0	90.0
foarte rar	3	5.0	5.0	95.0
Niciodată	3	5.0	5.0	100.0
Total	60	100.0	100.0	

Cât de des îți recunoști vina atunci când greșești?

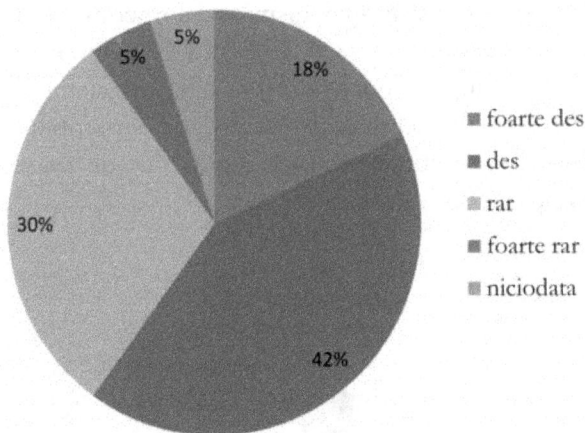

79

Prelucrarea statistico-comparativă a răspunsurilor copiilor investigați cu măsură de protecție în cele două medii sociale – substitutiv-familial și rezidențial-instituțional- cu privire la nivelul recunoașterii vinei atunci când greșesc, ne relevă, pe ansamblu, o ușoară similitudine a ponderii distribuției răspunsurilor copiilor pentru palierele variantelor de răspuns – foarte des, des, rar, foarte rar și niciodată.

Astfel, pentru palierele variantelor de răspuns – foarte des și des- ponderea distribuției răspunsurilor copiilor cu măsură de protecție la o familie de a.m.p. (61,9%) și a copiilor cu masură de protecție într-un centru de plasament (60%) este relativ asemănătoare și echilibrată, iar pentru palierele variantelor de răspuns – rar, foarte rar și niciodată- ponderea distribuției răspunsurilor copiilor din mediul familial-substitutiv (38,1%) și cea a copiilor din mediul rezidențial-instituțional (40%) este, de asemenea, ușor asemănătoare și echilibrată, având, pe ansamblu, o semnificație și reprezentare majoră din punct de vedere statistico-comparativ.

Tabelul și figura B.16.a.

Distribuția procentuală a răspunsurilor copiilor cu măsură de protecție la a.m.p. date la întrebarea "În ce măsură ești de acord că "familia" te tratează asemănător propriilor lor copii?"

		Frequency	Percent	Valid Percent	Cumulative Percent
Valid	total acord	116	69.0	69.0	69.0
	de acord	40	23.8	23.8	92.9
	indecis	8	4.8	4.8	97.6
	dezacord	1	.6	.6	98.2
	dezacord total	3	1.8	1.8	100.0
	Total	168	100.0	100.0	

În ce măsură ești de acord că "familia" te tratează asemănător propriilor lor copii?

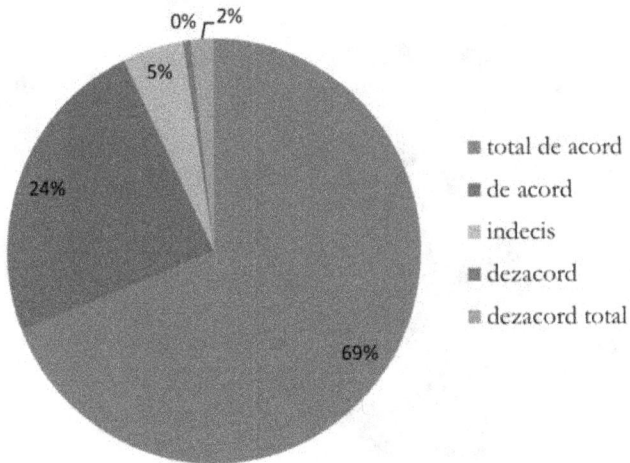

81

Tabelul și figura B.16.b.

Distribuția procentuală a răspunsurilor copiilor cu măsură de protecție la un centru de plasament date la întrebarea "În ce măsură ești de acord că personalul lucrativ din centru te tratează asemănător propriilor lor copii?"

		Frequency	Percent	Valid Percent	Cumulative Percent
Valid	total de acord	15	25.0	25.0	25.0
	de acord	18	30.0	30.0	55.0
	indecis	23	38.3	38.3	93.3
	dezacord	2	3.3	3.3	96.7
	dezacord total	2	3.3	3.3	100.0
	Total	60	100.0	100.0	

În ce măsură ești de acord că personalul lucrativ din centru te tratează asemănător propriilor lor copii?

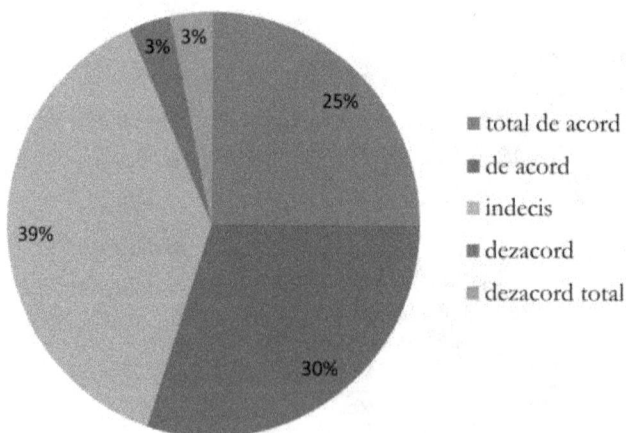

Prelucrarea statistico-comparativă a răspunsurilor copiilor investigați cu măsură de protecție în cele două medii sociale – substitutiv-familial și rezidențial-instituțional- cu privire la la nivelul de percepție a sentimentului tratamentului administrat asemănător al copiilor aflați în dificultate în raport cu copiii adulților a.m.p. și a copiilor angajați din centrele de plasament, ne relevă, pe ansamblu, o anumită diferențiere între ponderea distribuției răspunsurilor copiilor cu măsură de protecție la o familie de a.m.p. și ponderea distribuției răspunsurilor copiilor cu măsură de protecție la un centru de plasament pentru palierele variantelor de răspuns – total de acord, de acord, indecis, dezacord și dezacord total.

Astfel, pentru palierele variantelor de răspuns – total de acord și de acord- ponderea distribuției răspunsurilor copiilor cu măsură de protecție la o familie de a.m.p. este foarte crescută (92,8%), în comparație cu ponderea distribuției răspunsurilor copiilor cu măsură de protecție într-un centru de plasament (55%), având o semnificație și reprezentare majoră din punct de vedere statistico-comparativ, iar pentru palierele variantelor de răspuns – indecis, dezacord și dezacord total- ponderea distribuției răspunsurilor celeilalte categorii de copii cu măsură de protecție la o familie de a.m.p. este foarte scazută (7,2%), comparativ cu ponderea distribuției răspunsurilor copiilor cu măsură de protecție la un centru de plasament (44,9%), care este relativ crescută și cu o oarecare semnificație și relevantă statistico-comparativă.

Tabelul și figura B.17.a.

Distribuția procentuală a răspunsurilor copiilor cu măsură de protecție la a.m.p. date la întrebarea "Cât de des te înfurii atunci când nu îți sunt satisfăcute nevoile tale în familie?"

		Frequency	Percent	Valid Percent	Cumulative Percent
Valid	foarte des	13	7.7	7.7	7.7
	des	13	7.7	7.7	15.5
	rar	47	28.0	28.0	43.5
	foarte rar	40	23.8	23.8	67.3
	Niciodată	55	32.7	32.7	100.0
	Total	168	100.0	100.0	

Cât de des te înfurii atunci când nu îți sunt satisfăcute nevoile tale în familie?

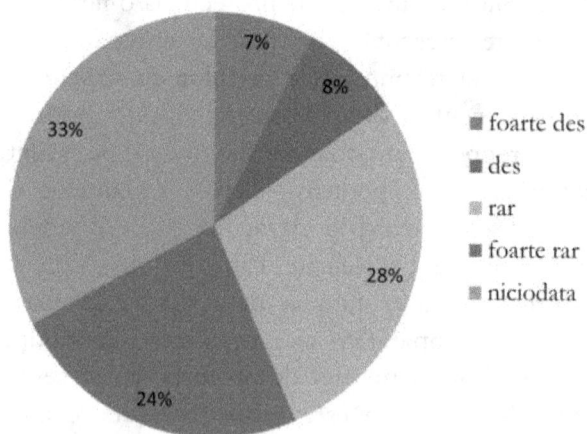

84

Tabelul şi figura B.17.b.

Distribuția procentuală a răspunsurilor copiilor cu măsură de protecție la un centru de plasament date la întrebarea "Cât de des te înfurii atunci când nu îți sunt satisfăcute nevoile tale în centru?"

		Frequency	Percent	Valid Percent	Cumulative Percent
Valid	foarte des	9	15.0	15.0	15.0
	des	21	35.0	35.0	50.0
	rar	18	30.0	30.0	80.0
	foarte rar	8	13.3	13.3	93.3
	Niciodată	4	6.7	6.7	100.0
	Total	60	100.0	100.0	

Cât de des te înfurii atunci când nu îți sunt satisfăcute nevoile tale în centru?

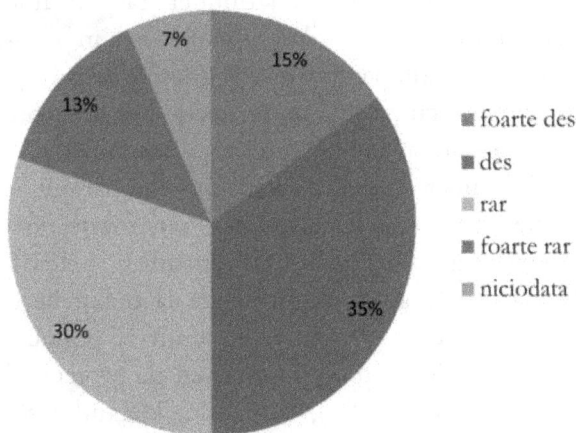

Prelucrarea statistico-comparativă a rezultatelor răspunsurilor copiilor investigați cu măsură de protecție în cele două medii sociale – substitutiv-familial și rezidențial-instituțional- cu privire la nivelul sentimentului de furie internalizat și dezvoltat de copiii aflați în dificultate în raport cu nivelul de satisfacere a nevoilor si trebuintelor acestora din partea adulților a.m.p., recte, a personalului angajat din centrele de plasament- ne relevă, pe ansamblu, o anumită diferențiere între ponderea distribuției răspunsurilor copiilor cu măsură de protecție la o familie de a.m.p. și ponderea distribuției răspunsurilor copiilor cu măsură de protecție la un centru de plasament pentru palierele variantelor de răspuns – foarte des, des, rar, foarte rar și niciodată.

Astfel, pentru palierele variantelor de răspuns – foarte des și des- ponderea distribuției răspunsurilor copiilor cu măsură de protecție la o familie de a.m.p. este scazută (15,4%), în comparație cu ponderea distribuției răspunsurilor copiilor cu măsură de protecție într-un centru de plasament (50%), având o relativă semnificație și reprezentare din punct de vedere statistico-comparativ, iar pentru palierele variantelor de răspuns – rar, foarte rar și niciodată- ponderea distribuției răspunsurilor celeilalte categorii de copii cu măsură de protecție la o familie de a.m.p. este foarte crescută (84,9%), comparativ cu ponderea distribuției răspunsurilor copiilor cu măsură de protecție la un centru de plasament (50%), care este, la rândul său, relativ crescută și cu o oarecare semnificație și relevanță statistico-comparativă.

Tabelul şi figura B.18.a.

Distribuţia procentuală a răspunsurilor copiilor cu măsură de protecţie la a.m.p. date la întrebarea "Te simţi cu adevărat un membru al familiei în care ai fost plasat?"

		Frequency	Percent	Valid Percent	Cumulative Percent
Valid	întotdeauna	132	78.6	78.6	78.6
	uneori	30	17.9	17.9	96.4
	niciodată	6	3.6	3.6	100.0
	Total	168	100.0	100.0	

Te simţi cu adevărat un membru al familiei în care ai fost plasat?

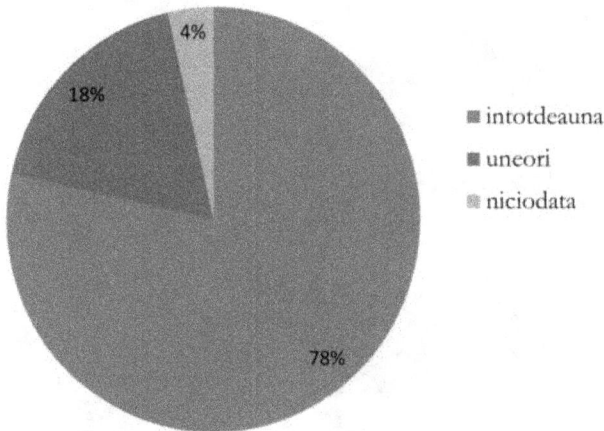

87

Tabelul și figura B.18.b.

Distribuția procentuală a răspunsurilor copiilor cu măsură de protecție la un centru de plasament date la întrebarea "Te simți cu adevărat un membru al centrului?"

		Frequency	Percent	Valid Percent	Cumulative Percent
Valid	întotdeauna	16	26.7	26.7	26.7
	uneori	33	55.0	55.0	81.7
	niciodată	11	18.3	18.3	100.0
	Total	60	100.0	100.0	

Te simți cu adevărat un membru al centrului?

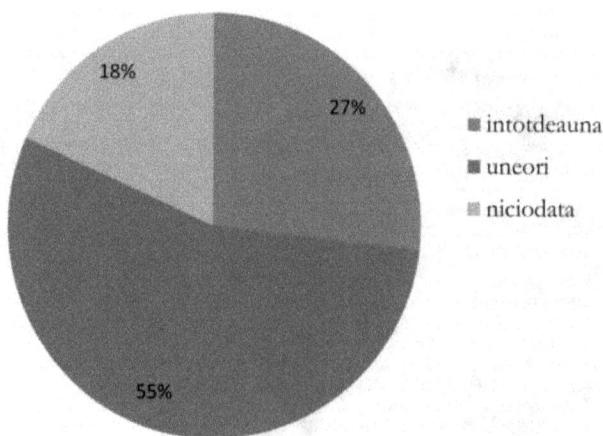

Prelucrarea statistico-comparativă a rezultatelor răspunsurilor copiilor investigați cu măsură de protecție în cele două medii sociale – substitutiv-familial și rezidențial-instituțional- cu privire la nivelul sentimentului de deschidere, acceptare și apartenență ca membri ai familiei substitutive, respectiv ai centrelor de plasament manifestat de copii, și nivelul de disponibilitate, acceptare și intruziune psiho-socio-familial-instituțională a acestora manifestat de către adulții a.m.p., respectiv adulții angajați din centrele de plasament, ne relevă, pe ansamblu, o anumită diferențiere între ponderea distribuției răspunsurilor copiilor cu măsură de protecție la o familie de a.m.p. și ponderea distribuției răspunsurilor copiilor cu măsură de protecție la un centru de plasament pentru palierele variantelor de răspuns – întotdeauna, uneori și niciodată.

Astfel, pentru palierul variantei de răspuns – întotdeauna- ponderea distribuției răspunsurilor copiilor cu măsură de protecție la o familie de a.m.p. este foarte crescută (78,6%), în comparație cu ponderea distribuției răspunsurilor copiilor cu măsură de protecție într-un centru de plasament, care este foarte scazută (26,7%), având o semnificație și reprezentare majoră din punct de vedere statistico-comparativ, iar pentru palierele variantelor de răspuns – uneori și niciodată- ponderea distribuției răspunsurilor celeilalte categorii de copii cu măsură de protecție la o familie de a.m.p. este foarte scazută (21,5%), comparativ cu ponderea distribuției răspunsurilor copiilor cu măsură de protecție la un centru de plasament (73,5%), care este, la rândul său, foarte crescută și cu o semnificație și relevanță statistico-comparativă majoră.

Tabelul şi figura B.19.a.

*Distribuția procentuală a răspunsurilor copiilor cu măsură de protecție la
a.m.p. date la întrebarea "Cât de des te simți discriminat de "părinți" în
raport cu proprii lor copii sau alte rude până la gradul IV inclusiv?"*

		Frequency	Percent	Valid Percent	Cumulative Percent
Valid	foarte des	4	2.4	2.4	2.4
	des	4	2.4	2.4	4.8
	rar	8	4.8	4.8	9.5
	foarte rar	18	10.7	10.7	20.2
	niciodată	134	79.8	79.8	100.0
	Total	168	100.0	100.0	

Cât de des te simți discriminat de "părinți" în raport cu proprii lor copii sau alte rude până la gradul IV inclusiv?

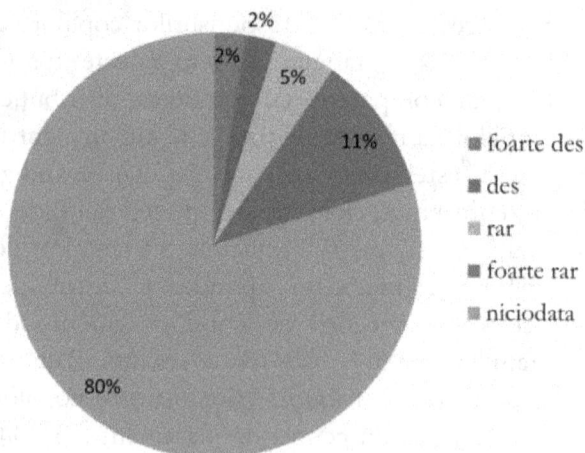

Tabelul și figura B.19.b.

Distribuția procentuală a răspunsurilor copiilor cu măsură de protecție la un centru de plasament date la întrebarea "Cât de des te simți discriminat de personalul lucrativ al centrului în raport cu alți copii/tineri?"

		Frequency	Percent	Valid Percent	Cumulative Percent
Valid	foarte des	3	5.0	5.0	5.0
	des	10	16.7	16.7	21.7
	rar	15	25.0	25.0	46.7
	foarte rar	16	26.7	26.7	73.3
	niciodată	16	26.7	26.7	100.0
	Total	60	100.0	100.0	

Cât de des te simți discriminat de personalul lucrativ al centrului în raport cu alți copii/tineri?

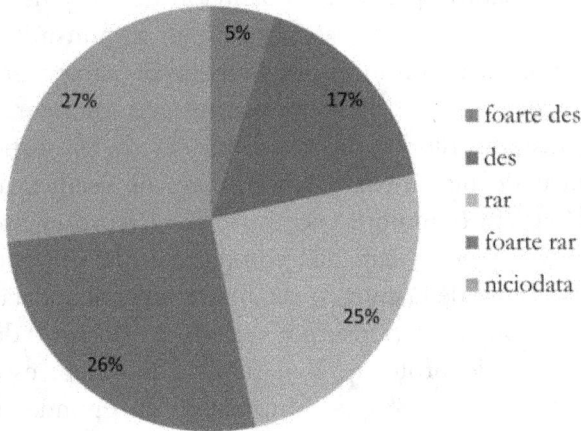

Prelucrarea statistico-comparativă a răspunsurilor copiilor investigați cu măsură de protecție în cele două medii sociale – substitutiv-familial și rezidențial-instituțional- cu privire la nivelul de percepție a sentimentului tratamentului discriminatoriu sau diferențiat administrat copiilor aflați în dificultate de către adulții a.m.p. în raport cu proprii lor copii sau alte rude până la gradul IV inclusiv și de adulții angajați din centrele de plasament în raport cu alți copii/tineri, ne relevă, pe ansamblu, o ușoară diferențiere între ponderea distribuției răspunsurilor copiilor cu măsură de protecție la o familie de a.m.p. și ponderea distribuției răspunsurilor copiilor cu măsură de protecție la un centru de plasament pentru palierele variantelor de răspuns – foarte des, des, rar, foarte rar și niciodată.

Astfel, pentru palierele variantelor de răspuns – foarte des și des- ponderea distribuției răspunsurilor copiilor cu măsură de protecție la o familie de a.m.p. este foarte scazută (4,8%), în comparație cu ponderea distribuției răspunsurilor copiilor cu măsură de protecție într-un centru de plasament (21,7%), care, de asemenea, este scăzută și fără o anumită semnificație și reprezentare din punct de vedere statistico-comparativ, iar pentru palierele variantelor de răspuns – rar, foarte rar și niciodată-ponderea distribuției răspunsurilor celeilalte categorii de copii cu măsură de protecție la o familie de a.m.p. este foarte crescută (95,3%), comparativ cu ponderea distribuției răspunsurilor copiilor cu masură de protecție la un centru de plasament (78,4%), care este, la fel, de crescută și cu semnificație și relevanță statistico-comparativă.

Tabelul și figura B.20.a.

Distribuția procentuală a răspunsurilor copiilor cu măsură de protecție la a.m.p. date la întrebarea "Consideri că locul în care domiciliezi în prezent este "casa" ta?"

		Frequency	Percent	Valid Percent	Cumulative Percent
Valid	întotdeauna	122	72.6	72.6	72.6
	uneori	23	13.7	13.7	86.3
	niciodată	23	13.7	13.7	100.0
	Total	168	100.0	100.0	

Consideri că locul în care domiciliezi în prezent este "casa" ta?

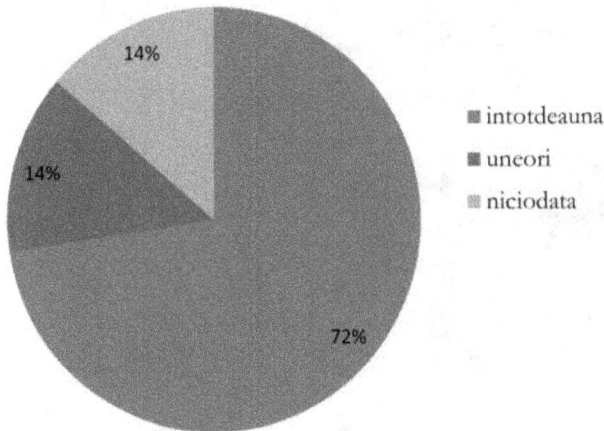

Tabelul și figura B.20.b.

Distribuția procentuală a răspunsurilor copiilor cu măsură de protecție la un centru de plasament date la întrebarea "Consideri că centrul de plasament este "casa" ta?"

		Frequency	Percent	Valid Percent	Cumulative Percent
Valid	întotdeauna	12	20.0	20.0	20.0
	uneori	32	53.3	53.3	73.3
	niciodată	16	26.7	26.7	100.0
	Total	60	100.0	100.0	

Consideri că centrul de plasament este "casa" ta?

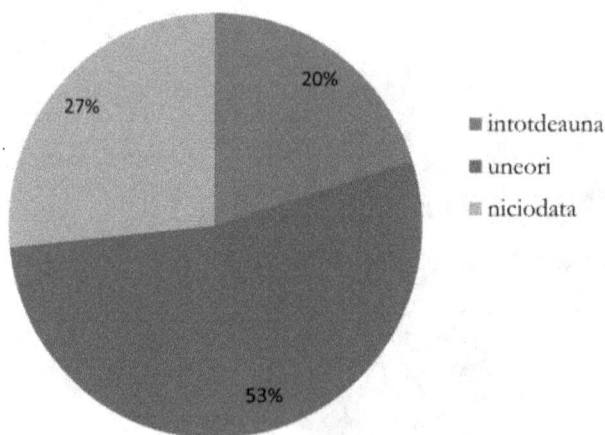

- întotdeauna
- uneori
- niciodata

Prelucrarea statistico-comparativă a rezultatelor răspunsurilor copiilor investigați cu măsură de protecție în cele două medii sociale – substitutiv-familial și rezidențial-instituțional- cu privire la considerarea acceptării "casei" lor ca fiind locul domiciliului de conviețuire actual -, ne relevă, pe ansamblu, o anumită diferențiere între ponderea distribuției răspunsurilor copiilor cu măsură de protecție la o familie de a.m.p. și ponderea distribuției răspunsurilor copiilor cu măsură de protecție la un centru de plasament pentru palierele variantelor de răspuns – întotdeauna, uneori și niciodată.

Astfel, pentru palierul variantei de răspuns – întotdeauna -, ponderea distribuției răspunsurilor copiilor cu măsură de protecție la o familie de a.m.p. este foarte crescută (72,6%), în comparație cu ponderea distribuției răspunsurilor copiilor cu măsură de protecție într-un centru de plasament (20%), care este scăzută, cu o semnificație și reprezentare majoră din punct de vedere statistico-comparativ, iar pentru palierele variantelor de răspuns – uneori și niciodată- ponderea distribuției răspunsurilor celeilalte categorii de copii cu măsură de protecție la o familie de a.m.p. este scăzută (27,4%), comparativ cu ponderea distribuției răspunsurilor copiilor cu măsură de protecție la un centru de plasament (80%), care este foarte crescută și cu semnificație și relevanța majoră din perspectivă statistico-comparativă.

Tabelul și figura B.21.a.

Distribuția procentuală a răspunsurilor copiilor cu măsură de protecție la a.m.p. date la întrebarea "Atunci când întâmpini dificultăți de orice fel, simți că ești ajutat de membrii familiei pentru a le depăși?"

		Frequency	Percent	Valid Percent	Cumulative Percent
Valid	foarte des	129	76.8	76.8	76.8
	des	31	18.5	18.5	95.2
	rar	3	1.8	1.8	97.0
	foarte rar	3	1.8	1.8	98.8
	niciodată	2	1.2	1.2	100.0
	Total	168	100.0	100.0	

Atunci când întâmpini dificultăți de orice fel, simți că ești ajutat de membrii familiei pentru a le depăși?

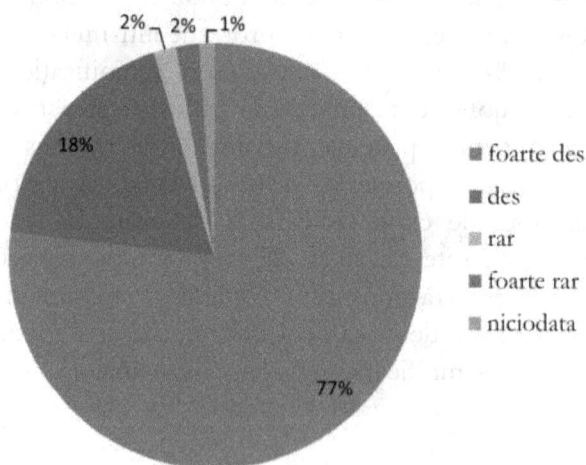

Tabelul şi figura B.21.b.

Distribuţia procentuală a răspunsurilor copiilor cu măsură de protecţie la un centru de plasament date la întrebarea "Atunci când întâmpini dificultăţi de orice fel, simţi că eşti ajutat de adulţii din centru pentru a le depăşi?"

		Frequency	Percent	Valid Percent	Cumulative Percent
Valid	foarte des	19	31.7	31.7	31.7
	des	30	50.0	50.0	81.7
	rar	8	13.3	13.3	95.0
	foarte rar	3	5.0	5.0	100.0
	Total	60	100.0	100.0	

Atunci când întâmpini dificultăţi de orice fel, simţi că eşti ajutat de adulţii din centru pentru a le depăşi?

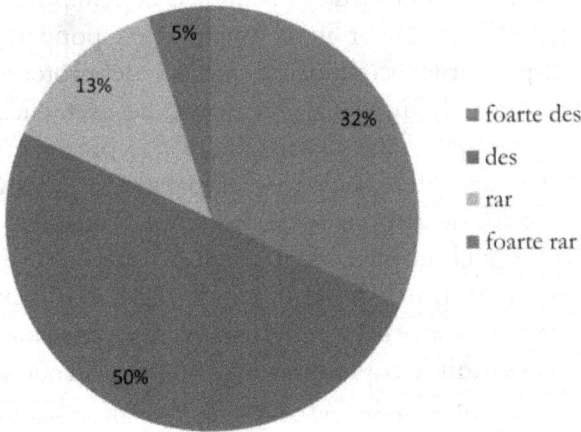

Prelucrarea statistico-comparativă a rezultatelor
răspunsurilor copiilor investigaţi cu măsură de protecţie în
cele două medii sociale – substitutiv-familial şi rezidenţial-
instituţional- cu privire la nivelul sentimentului de sprijin,
ajutor al copiilor venit din partea adulţilor a.m.p. şi a
adulţilor angajaţi din centrele de plasament atunci când
întâmpină dificultăţi pentru a le depăşi, ne relevă, pe
ansamblu, o uşoară similitudine între ponderea distribuţiei
răspunsurilor copiilor cu măsură de protecţie la o familie de
a.m.p. şi ponderea distribuţiei răspunsurilor copiilor cu
măsură de protecţie la un centru de plasament pentru
palierele variantelor de răspuns – foarte des, des, rar, foarte
rar şi niciodată.

Astfel, pentru palierele variantelor de răspuns –
foarte des şi des- ponderea distribuţiei răspunsurilor
copiilor cu măsură de protecţie la o familie de a.m.p. este
foarte ridicată (95,3%), uşor în comparaţie cu ponderea
distribuţiei răspunsurilor copiilor cu măsură de protecţie
într-un centru de plasament (81,7%), care, de asemenea,
este foarte ridicată, având o semnificaţie şi reprezentare
majoră din punct de vedere statistico-comparativ, iar pentru
palierele variantelor de răspuns – rar, foarte rar şi niciodată-
ponderea distribuţiei răspunsurilor celeilalte categorii de
copii cu măsură de protecţie la o familie de a.m.p. este
foarte scăzută (4,8%), uşor comparativ cu ponderea
distribuţiei răspunsurilor copiilor cu măsură de protecţie la
un centru de plasament (18,3%), care, la fel, este scăzută,
fără semnificaţie şi relevanţă statistico-comparativă.

Tabelul și figura B.22.a.

Distribuția procentuală a răspunsurilor copiilor cu măsură de protecție la a.m.p. date la întrebarea "Consideri că îți sunt satisfacute toate nevoile și trebuințele specifice vârstei tale?"

		Frequency	Percent	Valid Percent	Cumulative Percent
Valid	foarte des	109	64.9	64.9	64.9
	des	45	26.8	26.8	91.7
	rar	7	4.2	4.2	95.8
	foarte rar	5	3.0	3.0	98.8
	niciodată	2	1.2	1.2	100.0
	Total	168	100.0	100.0	

Consideri că îți sunt satisfacute toate nevoile și trebuințele specifice vârstei tale?

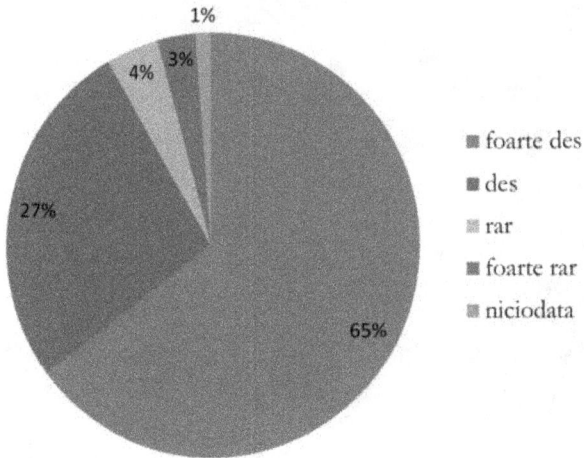

Tabelul și figura B.22.b.

*Distribuția procentuală a răspunsurilor copiilor cu măsură de protecție la
un centru de plasament date la întrebarea "Consideri că îți sunt satisfăcute
în centru toate nevoile și trebuințele specifice vârstei tale?"*

		Frequency	Percent	Valid Percent	Cumulative Percent
Valid	foarte des	14	23.3	23.3	23.3
	des	33	55.0	55.0	78.3
	rar	9	15.0	15.0	93.3
	foarte rar	3	5.0	5.0	98.3
	niciodată	1	1.7	1.7	100.0
	Total	60	100.0	100.0	

Consideri că îți sunt satisfăcute în centru toate nevoile și trebuințele specifice vârstei tale?

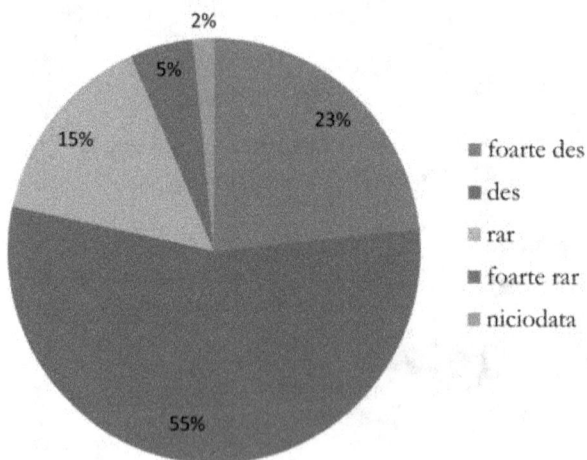

- foarte des
- des
- rar
- foarte rar
- niciodata

Prelucrarea statistico-comparativă a rezultatelor răspunsurilor copiilor investigați cu măsură de protecție în cele două medii sociale – substitutiv-familial și rezidențial-instituțional- cu privire la nivelul satisfacerii nevoilor și trebuințelor specifice vârstei copiilor în familiile de a.m.p. și în centrele de plasament, ne relevă, pe ansamblu, o ușoară diferențiere între ponderea distribuției răspunsurilor copiilor cu măsură de protecție la o familie de a.m.p. și ponderea distribuției răspunsurilor copiilor cu măsură de protecție la un centru de plasament pentru palierele variantelor de răspuns – foarte des, des, rar, foarte rar și niciodată.

Astfel, pentru palierele variantelor de răspuns – foarte des și des- ponderea distribuției răspunsurilor copiilor cu măsură de protecție la o familie de a.m.p. este foarte crescută (91,7%), în comparație ușor cu ponderea distribuției răspunsurilor copiilor cu măsură de protecție într-un centru de plasament (78,3%), având o semnificație și reprezentare majoră din punct de vedere statistico-comparativ, iar pentru palierele variantelor de răspuns – rar, foarte rar și niciodată- ponderea distribuției răspunsurilor celeilalte categorii de copii cu măsură de protecție la o familie de a.m.p. este foarte scăzută (8,4%), comparativ cu ponderea distribuției răspunsurilor copiilor cu măsură de protecție la un centru de plasament (21,7%), care este, la rândul său, relativ scăzută și cu o oarecare semnificație și relevanță statistico-comparativă.

Tabelul și figura B.23.a.

Distribuția procentuală a răspunsurilor copiilor cu măsură de protecție la a.m.p. date la întrebarea "Ai intrat în conflict cu vreunul dintre membrii familiei unde locuiești în prezent?"

		Frequency	Percent	Valid Percent	Cumulative Percent
Valid	foarte des	19	11.3	11.3	11.3
	des	7	4.2	4.2	15.5
	rar	28	16.7	16.7	32.1
	foarte rar	42	25.0	25.0	57.1
	niciodată	72	42.9	42.9	100.0
	Total	168	100.0	100.0	

Ai intrat în conflict cu vreunul dintre membrii familiei unde locuiești în prezent?

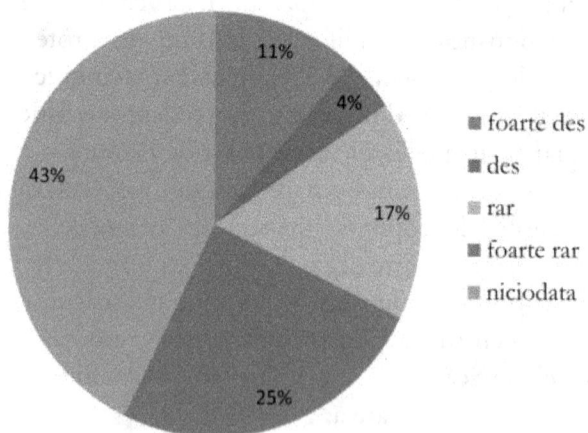

Tabelul și figura B.23.b.

Distribuția procentuală a răspunsurilor copiilor cu măsură de protecție la un centru de plasament date la întrebarea "Ai intrat în conflict cu vreunul dintre membrii centrului unde locuiești în prezent?"

		Frequency	Percent	Valid Percent	Cumulative Percent
Valid	foarte des	9	15.0	15.0	15.0
	des	16	26.7	26.7	41.7
	rar	20	33.3	33.3	75.0
	foarte rar	8	13.3	13.3	88.3
	nicidată	7	11.7	11.7	100.0
	Total	60	100.0	100.0	

Ai intrat în conflict cu vreunul dintre membrii centrului unde locuiești în prezent?

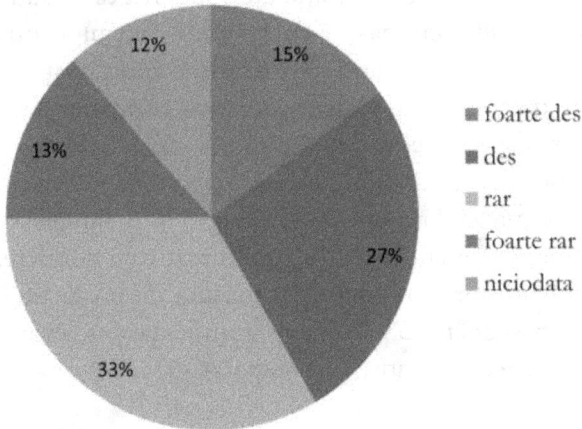

103

Prelucrarea statistico-comparativă a rezultatelor răspunsurilor copiilor investigați cu măsură de protecție în cele două medii sociale – substitutiv-familial și rezidențial-instituțional- cu privire la conflictele ce au loc între beneficiari și membrii familiilor de a.m.p. sau membrii centrului de plasament, ne relevă, pe ansamblu, o diferențiere între ponderea distribuției răspunsurilor copiilor cu măsură de protecție la o familie de a.m.p. și ponderea distribuției răspunsurilor copiilor cu măsură de protecție la un centru de plasament pentru palierele variantelor de răspuns – foarte des, des, rar, foarte rar și niciodată.

Astfel, pentru palierele variantelor de răspuns – foarte des și des- ponderea distribuției răspunsurilor copiilor cu măsură de protecție la o familie de a.m.p. este mai scăzută (15,5%), în comparație cu ponderea distribuției răspunsurilor copiilor cu măsură de protecție într-un centru de plasament (41,7%), având o relativă semnificație și reprezentare din punct de vedere statistico-comparativ, iar pentru palierele variantelor de răspuns – rar, foarte rar și niciodată- ponderea distribuției răspunsurilor celeilalte categorii de copii cu măsură de protecție la o familie de a.m.p. este foarte crescută (84,6%), comparativ cu ponderea distribuției răspunsurilor copiilor cu măsură de protecție la un centru de plasament (58,3%), cu semnificație și relevanță majoră din perspectivă statistico-comparativă.

Tabelul și figura B.24.a.

Distribuția procentuală a răspunsurilor copiilor cu măsură de protecție la
a.m.p. date la întrebarea "Ce impresie ai despre "părinții" tăi?"

		Frequency	Percent	Valid Percent	Cumulative Percent
Valid	foarte bună	138	82.1	82.1	82.1
	Bună	25	14.9	14.9	97.0
	îmi este indiferent	5	3.0	3.0	100.0
	Total	168	100.0	100.0	

Ce impresie ai despre "părinții" tăi?

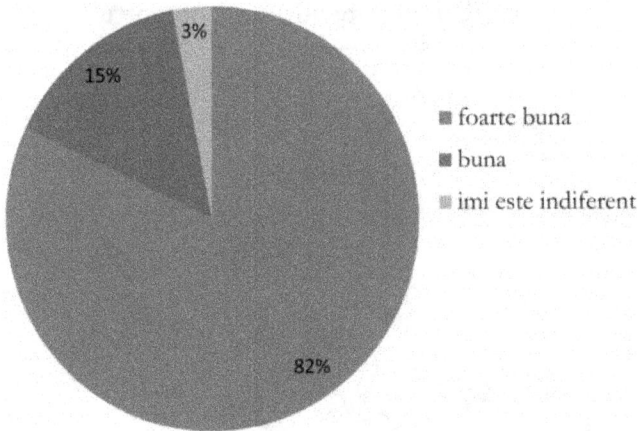

- foarte buna
- buna
- imi este indiferent

105

Tabelul şi figura B.24.b.

Distribuţia procentuală a răspunsurilor copiilor cu măsură de protecţie la un centru de plasament date la întrebarea "Ce impresie ai despre adulţii din centru?"

		Frequency	Percent	Valid Percent	Cumulative Percent
Valid	foarte bună	11	18.3	18.3	18.3
	Bună	40	66.7	66.7	85.0
	Proastă	3	5.0	5.0	90.0
	îmi este indiferent	6	10.0	10.0	100.0
	Total	60	100.0	100.0	

Ce impresie ai despre adulţii din centru?

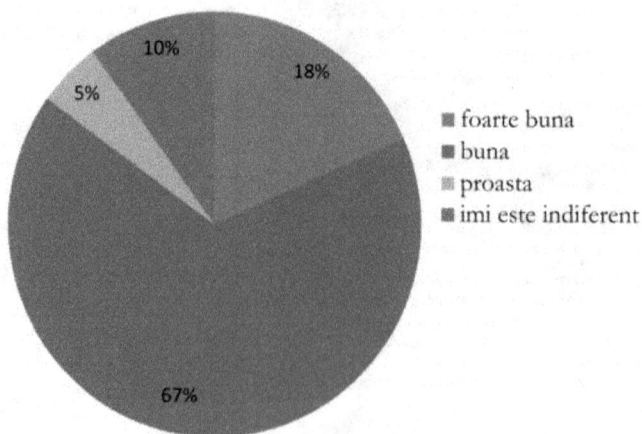

foarte buna
buna
proasta
imi este indiferent

Prelucrarea statistico-comparativă a rezultatelor răspunsurilor copiilor investigați cu măsură de protecție în cele două medii sociale – substitutiv-familial și rezidențial-instituțional- cu privire la impresiile beneficiarilor față de adulții a.m.p. și personalul angajat al centrelor de plasament, ne releva, pe ansamblu, o ușoară diferențiere între ponderea distribuției răspunsurilor copiilor cu măsură de protecție la o familie de a.m.p. și ponderea distribuției răspunsurilor copiilor cu măsură de protecție la un centru de plasament pentru palierele variantelor de răspuns – foarte bună, bună, proastă, foarte proastă și îmi este indiferent.

Astfel, pentru palierele variantelor de răspuns – foarte bună și bună- ponderea distribuției răspunsurilor copiilor cu măsură de protecție la o familie de a.m.p. este ușor mai ridicată (97%), predominând palierul variantei de răspuns – foarte bună- în comparație cu ponderea distribuției răspunsurilor copiilor cu măsură de protecție într-un centru de plasament (85%), predominând palierul variantei de răspuns – bună- având o semnificație și reprezentare majoră din punct de vedere statistico-comparativ.

Pentru palierele variantelor de răspuns – proastă, foarte proastă și îmi este indiferent - , ponderea distribuției răspunsurilor celeilalte categorii de copii cu măsură de protecție la o familie de a.m.p. este mai scăzută (3%), comparativ cu ponderea distribuției răspunsurilor copiilor cu măsură de protecție la un centru de plasament (15%), fără o semnificație și relevanță din perspectivă statistico-comparativă.

Tabelul și figura B.25.a.

Distribuția procentuală a răspunsurilor copiilor cu măsură de protecție la a.m.p. date la întrebarea "Ce impresie ai despre copiii "părinților" tăi?"

		Frequency	Percent	Valid Percent	Cumulative Percent
Valid	foarte bună	141	83.9	83.9	83.9
	bună	20	11.9	11.9	95.8
	proastă	1	.6	.6	96.4
	foarte buna	2	1.2	1.2	97.6
	îmi este indiferent	4	2.4	2.4	100.0
	Total	168	100.0	100.0	

Ce impresie ai despre copiii "părinților" tăi?

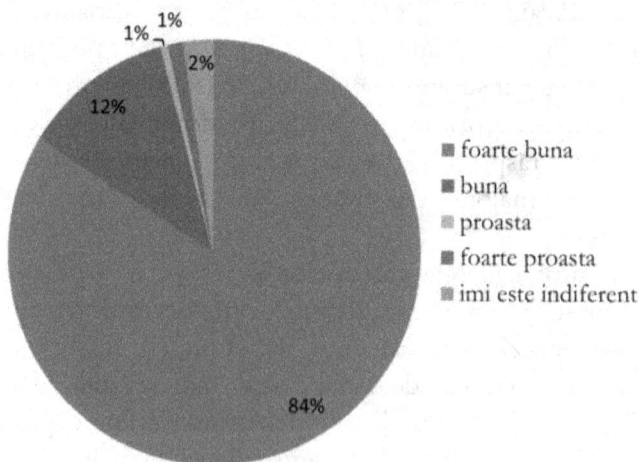

- foarte buna
- buna
- proasta
- foarte proasta
- imi este indiferent

Tabelul şi figura B.25.b.

Distribuţia procentuală a răspunsurilor copiilor cu măsură de protecţie la un centru de plasament date la întrebarea "Ce impresie ai despre copiii din centru?"

		Frequency	Percent	Valid Percent	Cumulative Percent
Valid	foarte bună	8	13.3	13.3	13.3
	bună	42	70.0	70.0	83.3
	proastă	2	3.3	3.3	86.7
	foarte proastă	4	6.7	6.7	93.3
	îmi este indiferent	4	6.7	6.7	100.0
	Total	60	100.0	100.0	

Ce impresie ai despre copiii din centru?

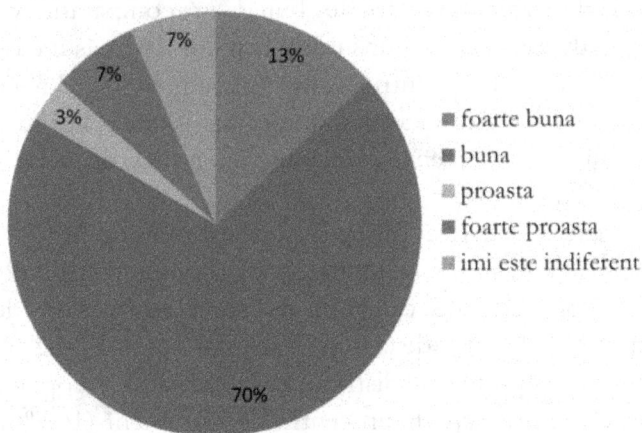

109

Prelucrarea statistico-comparativă a rezultatelor răspunsurilor copiilor investigaţi cu măsură de protecţie în cele două medii sociale – substitutiv-familial şi rezidenţial-instituţional- cu privire la impresiile beneficiarilor fată de copiii adulţilor a.m.p. şi, respectiv, fată de ceilalţi copii/tineri din centrele de plasament, ne relevă, pe ansamblu, o uşoară diferenţiere între ponderea distribuţiei răspunsurilor copiilor cu măsură de protecţie la o familie de a.m.p. şi ponderea distribuţiei răspunsurilor copiilor cu măsură de protecţie la un centru de plasament pentru palierele variantelor de răspuns – foarte bună, bună, proastă, foarte proastă şi îmi este indiferent.

Astfel, pentru palierele variantelor de răspuns – foarte bună şi bună- ponderea distribuţiei răspunsurilor copiilor cu măsură de protecţie la o familie de a.m.p. este uşor mai ridicată (95,8%), predominant fiind palierul variantei de răspuns – foarte bună- în comparaţie cu ponderea distribuţiei răspunsurilor copiilor cu măsură de protecţie într-un centru de plasament (83,3%), predominând palierul variantei de răspuns – bună- având o semnificaţie şi reprezentare majoră din punct de vedere statistico-comparativ.

Pentru palierele variantelor de răspuns – proastă, foarte proastă şi îmi este indiferent- ponderea distribuţiei răspunsurilor celeilalte categorii de copii cu măsură de protecţie la o familie de a.m.p. este mai scăzută (4,2%), comparativ cu ponderea distribuţiei răspunsurilor copiilor cu măsură de protecţie la un centru de plasament (16,7%), fără o semnificaţie şi relevanţă din perspectivă statistico-comparativă.

Tabelul și figura B.26.a.

Distribuția procentuală a răspunsurilor copiilor cu măsură de protecție la
a.m.p. date la întrebarea "Există o persoană din "familia" ta în care ai
încredere în a-i comunica o problemă mai intimă, sensibilă care te
framântă în interior?"

		Frequency	Percent	Valid Percent	Cumulative Percent
Valid	da	148	88.1	88.1	88.1
	nu	20	11.9	11.9	100.0
	Total	168	100.0	100.0	

Există o persoană din "familia" ta în care ai încredere în a-i comunica o problemă mai intimă, sensibilă care te framântă în interior?

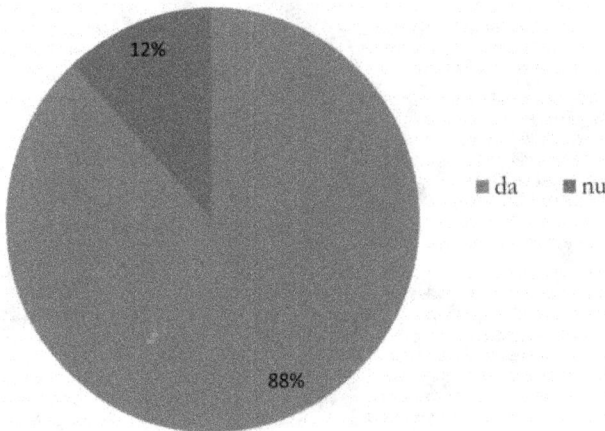

Tabelul şi figura B.26.b.

*Distribuția procentuală a răspunsurilor copiilor cu măsură de protecție la
un centru de plasament date la întrebarea "Există o persoană din centru
în care poți avea încredere în a-i comunica o problemă mai intimă,
sensibilă care te framântă în interior?"*

		Frequency	Percent	Valid Percent	Cumulative Percent
Valid	da	47	78.3	78.3	78.3
	nu	13	21.7	21.7	100.0
	Total	60	100.0	100.0	

Există o persoană din centru în care poți avea încredere în a-i comunica o problemă mai intimă, sensibilă care te framântă în interior?

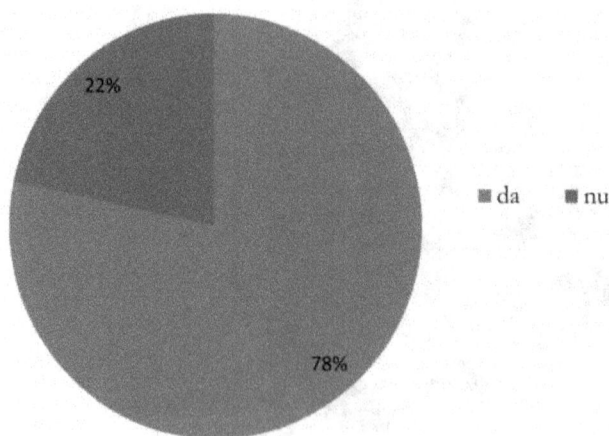

Prelucrarea statistico-comparativă a rezultatelor răspunsurilor copiilor investigați cu măsură de protecție în cele două medii sociale – substitutiv-familial și rezidențial-instituțional- cu privire la existența unei persoane adulte de încredere în care să comunice copiii orice problemă mai intimă sau sensibilă care-i framântă din cele două medii sociale substitutive- ne relevă, pe ansamblu, o ușoară similitudine între ponderea distribuției răspunsurilor copiilor pentru palierele variantelor de răspuns – da și nu.

Astfel, pentru palierul variantei de răspuns – da- ponderea distribuției răspunsurilor copiilor cu măsură de protecție la o familie de a.m.p. este ușor mai crescută (88,1%), în comparație cu ponderea distribuției răspunsurilor copiilor cu măsură de protecție într-un centru de plasament (78,3%), având o semnificație și reprezentare majoră din punct de vedere statistico-comparativ.

Nu același lucru se poate spune despre cealaltă categorie de copii a căror pondere a distribuției răspunsurilor pentru cei din mediul familial-substitutiv (11,9%) și a celor din mediul rezidențial-instituțional (21,7%) pentru palierul variantei de răspuns – nu- este scăzută și fără relevanță statistico-comparativă.

Tabelul și figura B.27.a.

Distribuția procentuală a răspunsurilor copiilor cu măsură de protecție la a.m.p. date la întrebarea "Ce te nemulțumește cel mai mult în familia unde ești?"

		Frequency	Percent	Valid Percent	Cumulative Percent
Valid	condiții materiale	6	3.6	3.6	3.6
	atmosfera din familie	8	4.8	4.8	8.3
	anumite restricții impuse	36	21.4	21.4	29.8
	grad crescut de libertate	2	1.2	1.2	31.0
	nimic	116	69.0	69.0	100.0
	Total	168	100.0	100.0	

Ce te nemulțumește cel mai mult în familia unde ești?

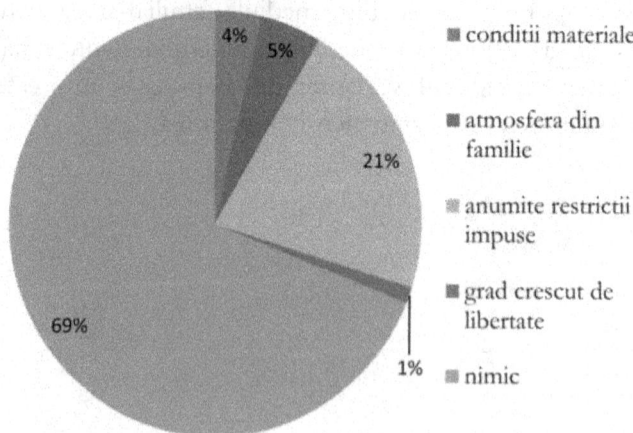

- conditii materiale
- atmosfera din familie
- anumite restrictii impuse
- grad crescut de libertate
- nimic

4% 5% 21% 69% 1%

Tabelul și figura B.27.b.

Distribuția procentuală a răspunsurilor copiilor cu măsură de protecție la un centru de plasament date la întrebarea "Ce te nemulțumește cel mai mult în centrul unde ești?"

		Frequency	Percent	Valid Percent	Cumulative Percent
Valid	condiții materiale	5	8.3	8.3	8.3
	atmosfera din centru	11	18.3	18.3	26.7
	ROF	17	28.3	28.3	55.0
	grad crescut de libertate	1	1.7	1.7	56.7
	nimic	26	43.3	43.3	100.0
	Total	60	100.0	100.0	

Ce te nemulțumește cel mai mult în centrul unde ești?

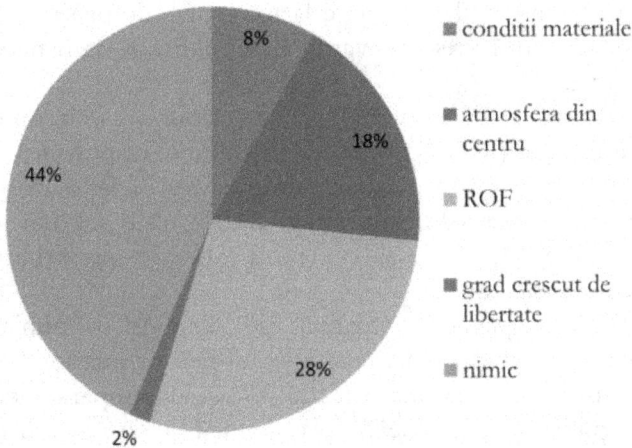

Prelucrarea statistico-comparativă a rezultatelor răspunsurilor copiilor investigați cu măsură de protecție în cele două medii sociale – substitutiv-familial și rezidențial-instituțional- cu privire la anumite nemulțumiri resimțite de copii în cele două medii sociale substitutive- ne relevă, pe ansamblu, o anumită diferențiere între ponderea distribuției răspunsurilor copiilor pentru palierele variantelor de răspuns –condiții materiale, atmosfera din mediul intrafamilial-instituțional substitutiv, anumite restricții impuse (ROF), grad crescut de libertate și nimic.

Astfel, pentru palierul variantei de răspuns – condiții materiale- ponderea distribuției răspunsurilor copiilor cu măsură de protecție la o familie de a.m.p. (3,6%) și a celor din centrele de plasament (8,3%) este foarte scăzută și fără relevanță statistico-comparativă.

Pentru palierul variantei de răspuns – atmosfera din mediul intrafamilial-instituțional substitutiv- ponderea distribuției răspunsurilor copiilor cu măsură de protecție la o familie de a.m.p. este mai scăzută (4,8%), decât cea a copiilor cu măsură de protecție la un centru de plasament (18,3%), fără însă vreo relevanță și semnificație statistico-comparativă.

Pentru palierul variantei de răspuns – anumite restricții impuse (ROF)- ponderea distribuției răspunsurilor copiilor din mediul familial-substitutiv (21,4%) și a celor din mediul rezidențial-instituțional (28,3%) este scăzută și relativ echilibrată, fără însă o semnificație și reprezentare statistico-comparativă.

Pentru palierul variantei de răspuns – nimic- ponderea distribuției răspunsurilor copiilor din mediul familial-substitutiv este mai ridicată (69%), în comparație cu cea a copiilor din centrele de plasament (43,3%), având o semnificație și relevanță statistico-comparativă.

Tabelul și figura B.28.a.

Distribuția procentuală a răspunsurilor copiilor cu măsură de protecție la a.m.p. date la întrebarea "Reușești să răspunzi pozitiv la așteptările membrilor "familiei" tale?"

		Frequency	Percent	Valid Percent	Cumulative Percent
Valid	da	106	63.1	63.1	63.1
	câteodată	58	34.5	34.5	97.6
	nu	4	2.4	2.4	100.0
	Total	168	100.0	100.0	

Reușești să răspunzi pozitiv la așteptările membrilor "familiei" tale?

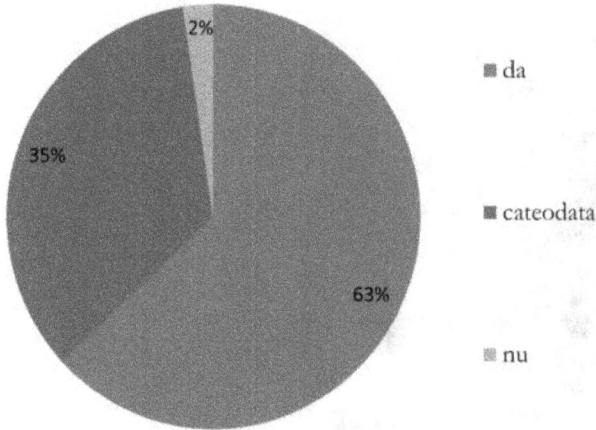

Tabelul și figura B.28.b.

Distribuția procentuală a răspunsurilor copiilor cu măsură de protecție la un centru de plasament date la întrebarea "Reușești să răspunzi pozitiv la așteptările personalului din centru?"

		Frequency	Percent	Valid Percent	Cumulative Percent
Valid	da	14	23.3	23.3	23.3
	câteodată	42	70.0	70.0	93.3
	nu	4	6.7	6.7	100.0
	Total	60	100.0	100.0	

Reușești să răspunzi pozitiv la așteptările personalului din centru?

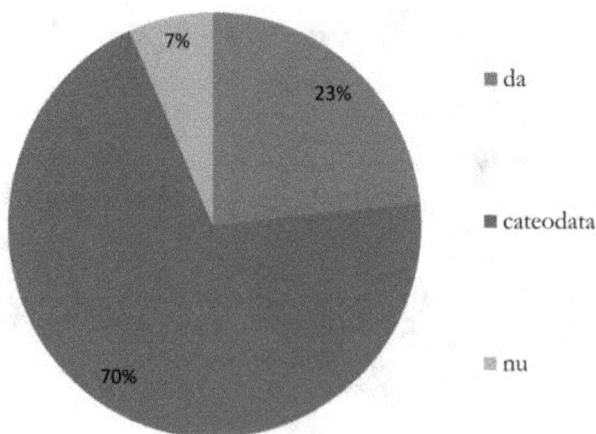

118

Prelucrarea statistico-comparativă a rezultatelor răspunsurilor copiilor investigați cu măsură de protecție în cele două medii sociale – substitutiv-familial și rezidențial-instituțional- cu privire la așteptările adulților a.m.p. sau membrilor familiilor acestora și adulților angajați ai centrelor de plasament pe care le au fată de beneficiari- ne relevă, pe ansamblu, o anumită diferențiere între ponderea distribuției răspunsurilor copiilor pentru palierele variantelor de răspuns – da, câteodată și nu.

Astfel, pentru palierul variantei de răspuns – da- ponderea distribuției răspunsurilor copiilor cu măsură de protecție la o familie de a.m.p. este mai crescută (63,1%), în comparație cu ponderea distribuției răspunsurilor copiilor cu măsura de protecție într-un centru de plasament (23,3%), cu semnificație și reprezentare majoră din punct de vedere statistico-comparativ.

Pentru palierul variantei de răspuns – câteodată- ponderea distribuției răspunsurilor copiilor din mediul familial-substitutiv este mai scăzută (34,5%), decât cea a copiilor din mediul rezidențial-instituțional (70%), cu o relativă relevanță și repreprezentare statistico-comparativă.

Pentru palierul variantei de răspuns – nu- ponderea distribuției răspunsurilor copiilor din mediul familial-substitutiv este mai scăzută (2,4%), decât cea a copiilor din mediul rezidențial-instituțional (6,7%), fără o semnificație și relevanță statistico-comparativă.

4.3. Dimensiunea dezvoltării sociale

Tabelul și figura C.29.a.

Distribuția procentuală a răspunsurilor copiilor cu măsură de protecție la a.m.p. date la întrebarea "Ai reușit să legi sau să sudezi prietenii, relații sociale cu alți copii?"

		Frequency	Percent	Valid Percent	Cumulative Percent
Valid	da	156	92.9	92.9	92.9
	nu	12	7.1	7.1	100.0
	Total	168	100.0	100.0	

Ai reușit să legi sau să sudezi prietenii, relații sociale cu alți copii?

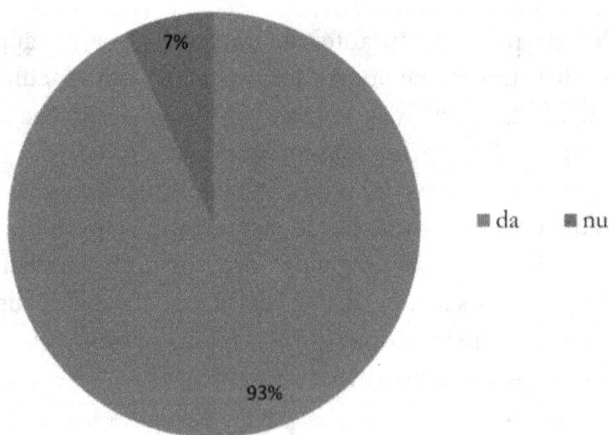

120

Tabelul şi figura C.29.b.

Distribuţia procentuală a răspunsurilor copiilor cu măsură de protecţie la un centru de plasament date la întrebarea "Ai reuşit să legi sau să sudezi prietenii, relaţii sociale cu alţi copii?"

		Frequency	Percent	Valid Percent	Cumulative Percent
Valid	da	49	81.7	81.7	81.7
	nu	11	18.3	18.3	100.0
	Total	60	100.0	100.0	

Ai reuşit să legi sau să sudezi prietenii, relaţii sociale cu alţi copii?

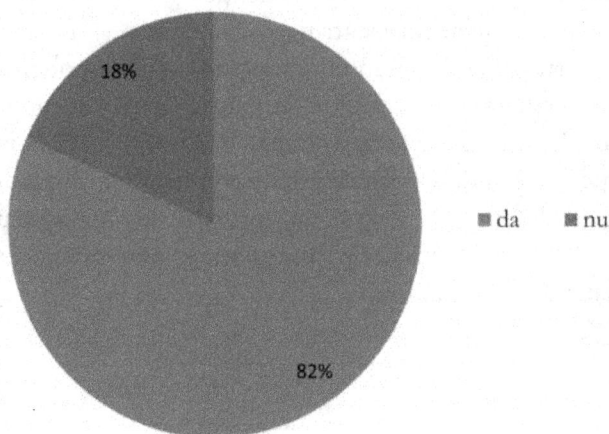

Prelucrarea statistico-comparativă a rezultatelor răspunsurilor copiilor investigați cu măsură de protecție în cele două medii sociale – substitutiv-familial și rezidențial-instituțional- cu privire la reușita sudării de relații sociale cu alți copii- ne relevă, pe ansamblu, o ușoară similitudine între ponderea distribuției răspunsurilor copiilor pentru palierele variantelor de răspuns – da și nu.

Astfel, pentru palierul variantei de răspuns – da- ponderea distribuției răspunsurilor copiilor cu măsură de protecție la o familie de a.m.p. este ușor mai crescută (92,9%), în comparație cu ponderea distribuției răspunsurilor copiilor cu măsură de protecție într-un centru de plasament (81,7%), cu semnificație și reprezentare majoră din punct de vedere statistico-comparativ.

Pentru palierul variantei de răspuns – nu- ponderea distribuției răspunsurilor copiilor cu măsură de protecție la o familie de a.m.p. este ușor mai scăzută (7,1%), în comparație cu ponderea distribuției răspunsurilor copiilor cu măsură de protecție într-un centru de plasament (18,3%), fără semnificație și reprezentare din punct de vedere statistico-comparativ.

Tabelul şi figura C.30.a.

Distribuţia procentuală a răspunsurilor copiilor cu măsură de protecţie la a.m.p. date la întrebarea "Cât de repede poţi să te împrieteneşti cu cei din jur?"

		Frequency	Percent	Valid Percent	Cumulative Percent
Valid	foarte repede	109	64.9	64.9	64.9
	repede	45	26.8	26.8	91.7
	încet	12	7.1	7.1	98.8
	deloc	2	1.2	1.2	100.0
	Total	168	100.0	100.0	

Cât de repede poţi să te împrieteneşti cu cei din jur?

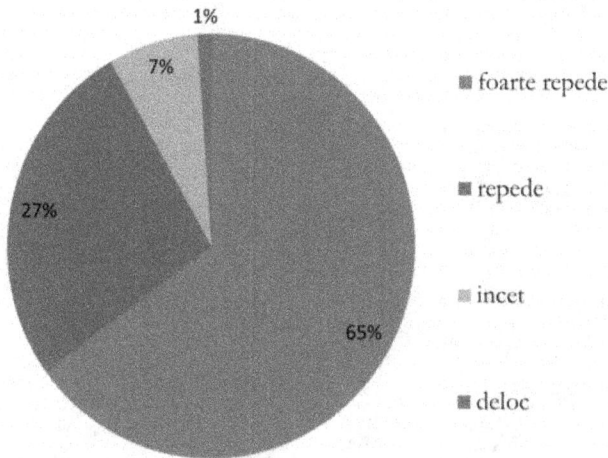

- foarte repede
- repede
- incet
- deloc

Tabelul şi figura C.30.b.

Distribuţia procentuală a răspunsurilor copiilor cu măsură de protecţie la un centru de plasament date la întrebarea "Cât de repede poţi să te împrieteneşti cu cei din jur?"

		Frequency	Percent	Valid Percent	Cumulative Percent
Valid	foarte reprede	23	38.3	38.3	38.3
	repede	21	35.0	35.0	73.3
	încet	15	25.0	25.0	98.3
	foarte încet	1	1.7	1.7	100.0
	Total	60	100.0	100.0	

Cât de repede poţi să te împrieteneşti cu cei din jur?

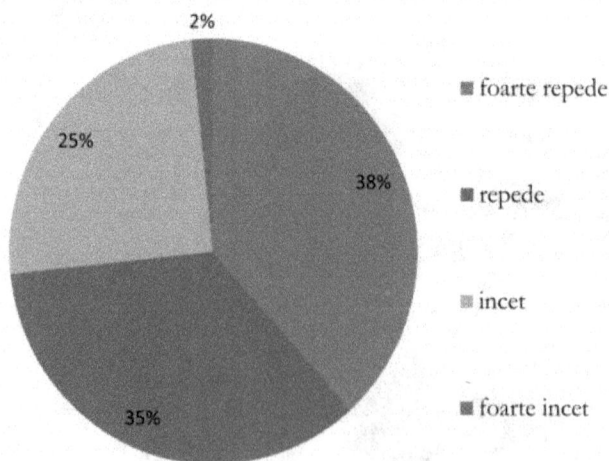

Prelucrarea statistico-comparativă a rezultatelor răspunsurilor copiilor investigaţi cu măsură de protecţie în cele două medii sociale – substitutiv-familial şi rezidenţial-instituţional- cu privire la amploarea, intensitatea şi rapiditatea sudării de relaţii de prietenie cu cei din jur- ne relevă, pe ansamblu, o uşoară diferenţiere între ponderea distribuţiei răspunsurilor copiilor pentru palierele variantelor de răspuns – foarte repede, repede, încet, foarte încet şi deloc.

Astfel, pentru palierele variantelor de răspuns – foarte repede şi repede- ponderea distribuţiei răspunsurilor copiilor cu măsură de protecţie la o familie de a.m.p. este uşor mai crescută (91,7%), în comparaţie cu ponderea distribuţiei răspunsurilor copiilor cu măsură de protecţie într-un centru de plasament (73,3%), cu semnificaţie şi reprezentare majoră din punct de vedere statistico-comparativ.

Pentru palierele variantelor de răspuns – încet, foarte încet şi deloc- ponderea distribuţiei răspunsurilor copiilor cu măsură de protecţie la o familie de a.m.p. este mai scazută (8,3%), în comparaţie cu ponderea distribuţiei răspunsurilor copiilor cu măsură de protecţie într-un centru de plasament (26,7%), fără semnificaţie şi relevanţă statistico-comparativă.

Tabelul și figura C.31.a.

Distribuția procentuală a răspunsurilor copiilor cu măsură de protecție la a.m.p. date la întrebarea "Câți prieteni ai?"

		Frequency	Percent	Valid Percent	Cumulative Percent
Valid	foarte mulți	94	56.0	56.0	56.0
	mulți	57	33.9	33.9	89.9
	puțini	11	6.5	6.5	96.4
	foarte puțini	5	3.0	3.0	99.4
	deloc	1	.6	.6	100.0
	Total	168	100.0	100.0	

Câți prieteni ai?

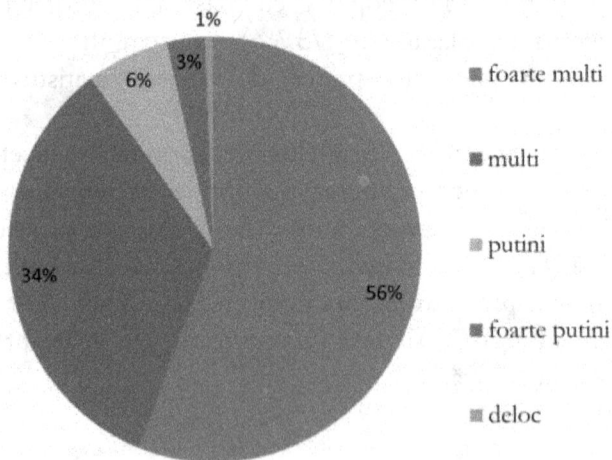

126

Tabelul și figura C.31.b.

Distribuția procentuală a răspunsurilor copiilor cu măsură de protecție la un centru de plasament date la întrebarea "Câți prieteni ai?"

		Frequency	Percent	Valid Percent	Cumulative Percent
Valid	foarte mulți	14	23.3	23.3	23.3
	mulți	24	40.0	40.0	63.3
	puțini	18	30.0	30.0	93.3
	foarte puțini	2	3.3	3.3	96.7
	deloc	2	3.3	3.3	100.0
	Total	60	100.0	100.0	

Câți prieteni ai?

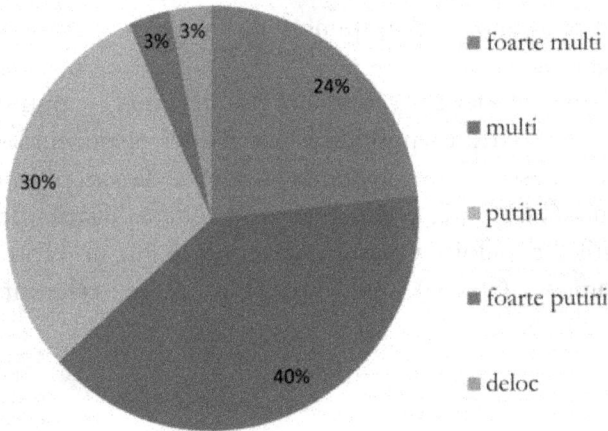

127

Prelucrarea statistico-comparativă a rezultatelor răspunsurilor copiilor investigați cu măsură de protecție în cele doua medii sociale – substitutiv-familial și rezidențial-instituțional- cu privire la frecvența și numărul prietenilor din jurul lor- ne relevă, pe ansamblu, o ușoară diferențiere între ponderea distribuției răspunsurilor copiilor pentru palierele variantelor de răspuns – foarte mulți, mulți, puțini, foarte puțini și deloc.

Astfel, pentru palierele variantelor de răspuns – foarte mulți și mulți- ponderea distribuției răspunsurilor copiilor cu măsură de protecție la o familie de a.m.p. este mai crescută (89,9%), în comparație cu ponderea distribuției răspunsurilor copiilor cu măsură de protecție într-un centru de plasament (63,3%), cu semnificație și reprezentare majoră din punct de vedere statistico-comparativ.

Pentru palierele variantelor de răspuns – puțini, foarte puțini și deloc- ponderea distribuției răspunsurilor copiilor cu măsură de protecție la o familie de a.m.p. este mai scăzută (10,1%), în comparație cu ponderea distribuției răspunsurilor copiilor cu măsură de protecție într-un centru de plasament (36,6%), fără semnificație și relevanță statistico-comparativă.

Tabelul și figura C.32.a.

Distribuția procentuală a răspunsurilor copiilor cu măsură de protecție la a.m.p. date la întrebarea "Cei mai mulți copii cu care ai reușit să te împrietenești sunt din: "

		Frequency	Percent	Valid Percent	Cumulative Percent
Valid	cartier/ vecinătate	67	39.9	39.9	39.9
	școală	91	54.2	54.2	94.0
	copiii părinților sau a rudelor acestora	10	6.0	6.0	100.0
	Total	168	100.0	100.0	

Cei mai mulți copii cu care ai reușit să te împrietenești sunt din:

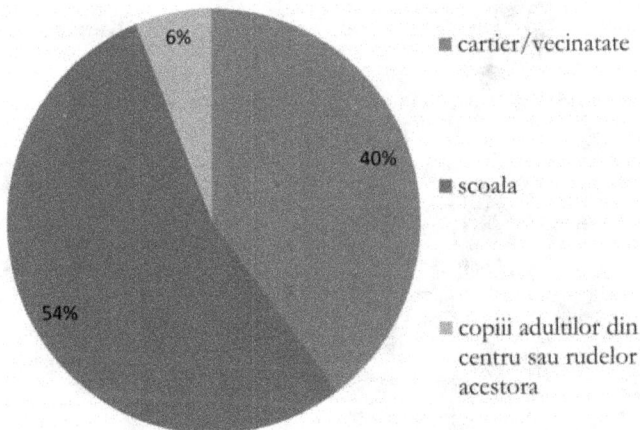

129

Tabelul şi figura C.32.b.

Distribuția procentuală a răspunsurilor copiilor cu măsură de protecție la un centru de plasament date la întrebarea "Cei mai mulți copii cu care ai reușit să te împrietenești sunt din: "

		Frequency	Percent	Valid Percent	Cumulative Percent
Valid	cartier/ vecinătate	25	41.7	41.7	41.7
	Şcoală	29	48.3	48.3	90.0
	copiii adulţilor din centru sau a rudelor acestora	6	10.0	10.0	100.0
	Total	60	100.0	100.0	

Cei mai mulţi copii cu care ai reuşit să te împrieteneşti sunt din:

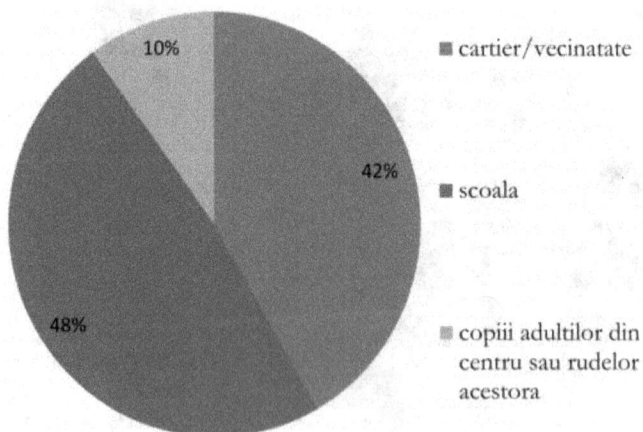

130

Prelucrarea statistico-comparativă a rezultatelor răspunsurilor copiilor investigaţi cu măsură de protecţie în cele două medii sociale – substitutiv-familial şi rezidenţial-instituţional- cu privire la reuşita stabilirii selecţiei relaţiilor de prietenie cu cei din jur -, ne relevă, pe ansamblu, o uşoară diferenţiere între ponderea distribuţiei răspunsurilor copiilor pentru palierele variantelor de răspuns – cartier/vecinătate, şcoală şi copiii "părinţilor" sau rudelor acestora, respectiv copiii adulţilor angajaţi sau rudelor acestora din centrele de plasament.

Astfel, pentru palierul variantei de răspuns – cartier/vecinătate- ponderea distribuţiei răspunsurilor copiilor cu măsură de protecţie la o familie de a.m.p. este uşor mai scăzută (39,9%), în comparaţie cu ponderea distribuţiei răspunsurilor copiilor cu măsură de protecţie într-un centru de plasament (41,7%), cu semnificaţie şi reprezentare din punct de vedere statistico-comparativ.

Pentru palierul variantei de răspuns – şcoală-ponderea distribuţiei răspunsurilor copiilor cu măsură de protecţie la o familie de a.m.p. este uşor mai crescută (54,2%), în comparaţie cu ponderea distribuţiei răspunsurilor copiilor cu măsură de protecţie într-un centru de plasament (48,3%), cu semnificaţie şi reprezentare din punct de vedere statistico-comparativ.

Pentru palierul variantei de răspuns – copiii "părinţilor" sau a rudelor acestora, respectiv copiii adulţilor angajaţi din centrele de plasament sau a rudelor acestora-ponderea distribuţiei răspunsurilor copiilor cu măsură de protecţie la o familie de a.m.p. este mai scăzută (6%), în comparaţie cu ponderea distribuţiei răspunsurilor copiilor cu măsură de protecţie într-un centru de plasament (10%), fără semnificaţie şi reprezentare din punct de vedere statistico-comparativ.

131

Tabelul și figura C.33.a.

Distribuția procentuală a răspunsurilor copiilor cu măsură de protecție la a.m.p. date la întrebarea "Cât de des participi la evenimentele festive organizate de comunitate?"

		Frequency	Percent	Valid Percent	Cumulative Percent
Valid	foarte des	89	53.0	53.0	53.0
	des	40	23.8	23.8	76.8
	rar	28	16.7	16.7	93.5
	foarte rar	6	3.6	3.6	97.0
	niciodată	5	3.0	3.0	100.0
	Total	168	100.0	100.0	

Cât de des participi la evenimentele festive organizate de comunitate?

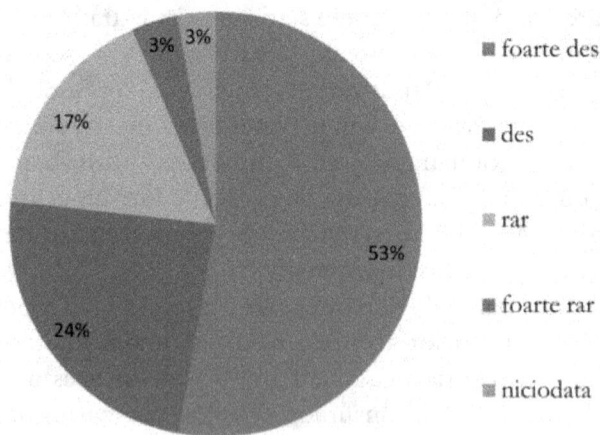

132

Tabelul și figura C.33.b.

Distribuția procentuală a răspunsurilor copiilor cu măsură de protecție la un centru de plasament date la întrebarea "Cât de des participi la evenimentele festive organizate de comunitate?"

		Frequency	Percent	Valid Percent	Cumulative Percent
Valid	foarte des	19	31.7	31.7	31.7
	des	24	40.0	40.0	71.7
	rar	11	18.3	18.3	90.0
	foarte rar	5	8.3	8.3	98.3
	niciodată	1	1.7	1.7	100.0
	Total	60	100.0	100.0	

Cât de des participi la evenimentele festive organizate de comunitate?

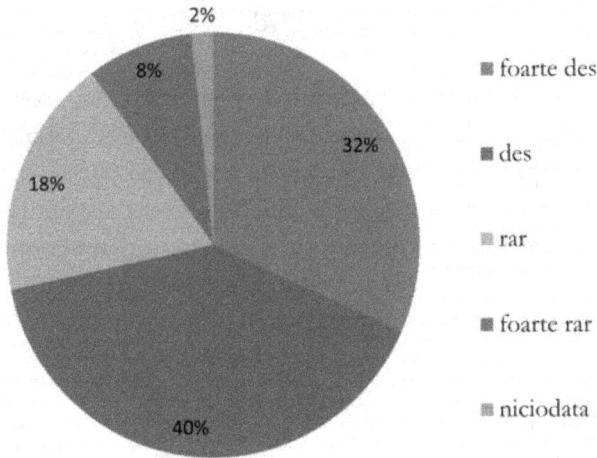

Prelucrarea statistico-comparativă a rezultatelor răspunsurilor copiilor investigați cu măsură de protecție în cele două medii sociale – substitutiv-familial și rezidențial-instituțional- cu privire la frecvența participării la evenimentele festive organizate de comunitate- ne relevă, pe ansamblu, o ușoară diferențiere între ponderea distribuției răspunsurilor copiilor pentru palierele variantelor de răspuns – foarte des, des, rar, foarte rar și niciodată.

Astfel, pentru palierele variantelor de răspuns – foarte des și des- ponderea distribuției răspunsurilor copiilor cu măsură de protecție la o familie de a.m.p. este ușor mai crescută (76,8%), în comparație cu ponderea distribuției răspunsurilor copiilor cu măsură de protecție într-un centru de plasament (71,7%), cu semnificație și reprezentare majoră din punct de vedere statistico-comparativ.

Pentru palierele variantelor de răspuns – rar, foarte rar și niciodată- ponderea distribuției răspunsurilor copiilor cu măsură de protecție la o familie de a.m.p. este ușor mai scăzută (23,3%), în comparație cu ponderea distribuției răspunsurilor copiilor cu măsură de protecție într-un centru de plasament (28,3%), fără semnificație și reprezentare din punct de vedere statistico-comparativ.

Tabelul și figura C.34.a.

*Distribuția procentuală a răspunsurilor copiilor cu măsură de protecție la
a.m.p. date la întrebarea "Cât de des mergi la biserică?"*

		Frequency	Percent	Valid Percent	Cumulative Percent
Valid	foarte des	54	32.1	32.1	32.1
	des	52	31.0	31.0	63.1
	rar	45	26.8	26.8	89.9
	foarte rar	13	7.7	7.7	97.6
	deloc	4	2.4	2.4	100.0
	Total	168	100.0	100.0	

Cât de des mergi la biserică?

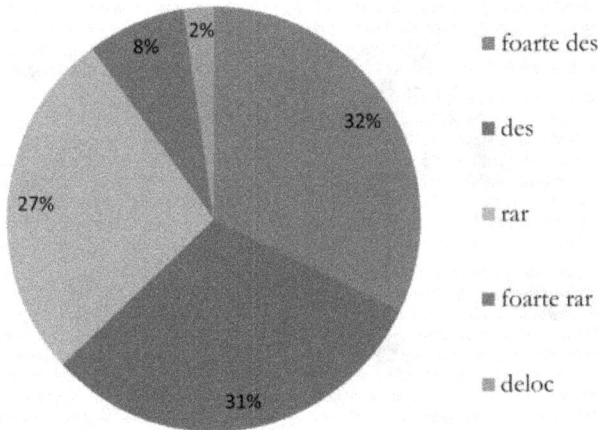

2%
8%
32%
27%
31%

- foarte des
- des
- rar
- foarte rar
- deloc

Tabelul şi figura C.34.b.

Distribuția procentuală a răspunsurilor copiilor cu măsură de protecție la un centru de plasament date la întrebarea "Cât de des mergi la biserică?"

		Frequency	Percent	Valid Percent	Cumulative Percent
Valid	foarte des	3	5.0	5.0	5.0
	des	11	18.3	18.3	23.3
	rar	24	40.0	40.0	63.3
	foarte rar	12	20.0	20.0	83.3
	deloc	10	16.7	16.7	100.0
	Total	60	100.0	100.0	

Cât de des mergi la biserică?

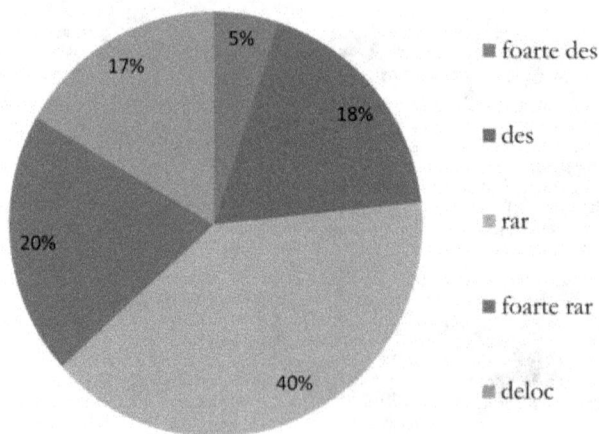

Prelucrarea statistico-comparativă a rezultatelor răspunsurilor copiilor investigați cu măsură de protecție în cele două medii sociale – substitutiv-familial și rezidențial-instituțional- cu privire la frecvența deplasării și participării la evenimentele spiritual-religioase organizate în cadrul bisericii- ne relevă, pe ansamblu, o diferențiere între ponderea distribuției răspunsurilor copiilor pentru palierele variantelor de răspuns – foarte des, des, rar, foarte rar și niciodată.

Astfel, pentru palierele variantelor de răspuns – foarte des si des- ponderea distribuției răspunsurilor copiilor cu măsură de protecție la o familie de a.m.p. este mai crescută (63,1%), în comparație cu ponderea distribuției răspunsurilor copiilor cu măsură de protecție într-un centru de plasament (23,3%), cu semnificație și reprezentare majoră din punct de vedere statistico-comparativ.

Pentru palierele variantelor de raspuns – rar, foarte rar și deloc- ponderea distribuției răspunsurilor copiilor cu măsură de protecție la o familie de a.m.p. este mai scăzută (36,9%), în comparație cu ponderea distribuției răspunsurilor copiilor cu măsură de protecție într-un centru de plasament (76,7%), cu semnificație și reprezentare majoră din punct de vedere statistico-comparativ.

4.4. Dimensiunea dezvoltării școlare

Tabelul și figura D.35.a.

Distribuția procentuală a răspunsurilor copiilor cu măsură de protecție la a.m.p. date la întrebarea "Ce părere ai tu despre școală?"

		Frequency	Percent	Valid Percent	Cumulative Percent
Valid	foarte bună	112	66.7	66.7	66.7
	bună	52	31.0	31.0	97.6
	proastă	2	1.2	1.2	98.8
	foarte proastă	1	.6	.6	99.4
	nu mă interesează	1	.6	.6	100.0
	Total	168	100.0	100.0	

Ce părere ai tu despre școală?

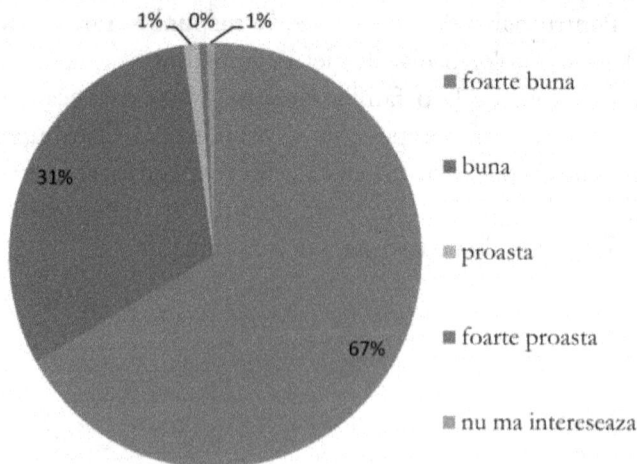

138

Tabelul și figura D.35.b.

Distribuția procentuală a răspunsurilor copiilor cu măsură de protecție la un centru de plasament date la întrebarea "Ce părere ai tu despre școală?"

		Frequency	Percent	Valid Percent	Cumulative Percent
Valid	foarte bună	25	41.7	41.7	41.7
	bună	25	41.7	41.7	83.3
	proastă	3	5.0	5.0	88.3
	foarte proastă	5	8.3	8.3	96.7
	nu mă interesează	2	3.3	3.3	100.0
	Total	60	100.0	100.0	

Ce părere ai tu despre școală?

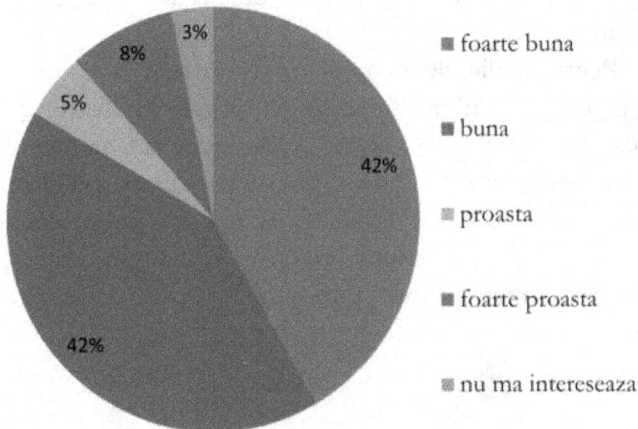

139

Prelucrarea statistico-comparativă a rezultatelor răspunsurilor copiilor investigați cu măsură de protecție în cele două medii sociale – substitutiv-familial și rezidențial-instituțional- cu privire la părerea lor despre școală- ne relevă, pe ansamblu, o relativă similitudine între ponderea distribuției răspunsurilor copiilor pentru palierele variantelor de răspuns– foarte bună, bună, proastă, foarte proastă și nu mă interesează.

Astfel, pentru palierele variantelor de răspuns – foarte bună și bună- ponderea distribuției răspunsurilor copiilor cu măsură de protecție la o familie de a.m.p. este ușor mai crescută (97,7%), în comparație cu ponderea distribuției răspunsurilor copiilor cu măsură de protecție într-un centru de plasament (83,4%), cu semnificație și reprezentare majoră din punct de vedere statistico-comparativ.

Pentru palierele variantelor de răspuns – proastă, foarte proastă și nu mă interesează- ponderea distribuției răspunsurilor copiilor cu măsură de protecție la o familie de a.m.p. este mai scăzută (2,4%), în comparație cu ponderea distribuției răspunsurilor copiilor cu măsură de protecție într-un centru de plasament (16,6%), fără semnificație și reprezentare majoră din punct de vedere statistico-comparativ.

Tabelul și figura D.36.a.

Distribuția procentuală a răspunsurilor copiilor cu măsură de protecție la a.m.p. date la întrebarea "Cât de des frecventezi școala?"

		Frequency	Percent	Valid Percent	Cumulative Percent
Valid	foarte des	143	85.1	85.1	85.1
	des	23	13.7	13.7	98.8
	rar	1	.6	.6	99.4
	niciodată	1	.6	.6	100.0
	Total	168	100.0	100.0	

Cât de des frecventezi școala?

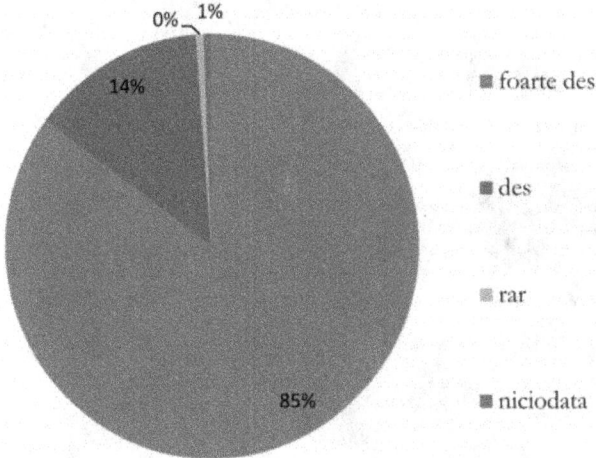

- foarte des
- des
- rar
- niciodata

0% 1%
14%
85%

Tabelul şi figura D.36.b.

Distribuția procentuală a răspunsurilor copiilor cu măsură de protecție la un centru de plasament date la întrebarea "Cât de des frecventezi școala?"

		Frequency	Percent	Valid Percent	Cumulative Percent
Valid	foarte des	31	51.7	51.7	51.7
	des	23	38.3	38.3	90.0
	rar	6	10.0	10.0	100.0
	Total	60	100.0	100.0	

Cât de des frecventezi şcoala?

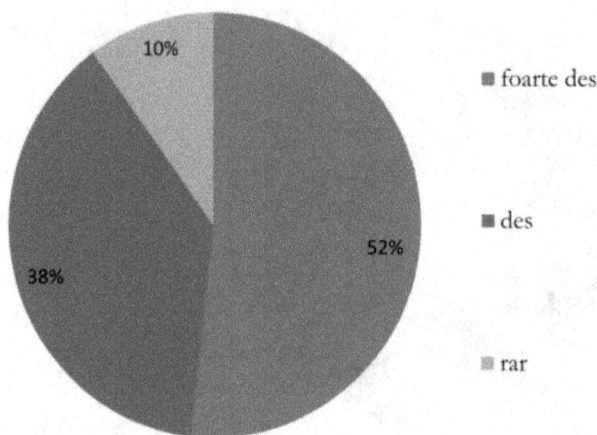

142

Prelucrarea statistico-comparativă a rezultatelor răspunsurilor copiilor investigați cu măsură de protecție în cele două medii sociale – substitutiv-familial și rezidențial-instituțional- cu privire la frecvența de participare școlară-ne relevă, pe ansamblu, o ușoară similitudine între ponderea distribuției răspunsurilor copiilor pentru palierele variantelor de răspuns – foarte des, des, rar, foarte rar și niciodată.

Astfel, pentru palierele variantelor de răspuns – foarte des si des- ponderea distribuției răspunsurilor copiilor cu măsură de protecție la o familie de a.m.p. este ușor mai crescută (98,8%), predominând palierul variantei de răspuns – foarte des- în comparație cu ponderea distribuției răspunsurilor copiilor cu măsură de protecție într-un centru de plasament (90%), cu semnificație și reprezentare majoră din punct de vedere statistico-comparativ.

Pentru palierele variantelor de răspuns – rar, foarte rar și niciodată- ponderea distribuției răspunsurilor copiilor cu măsură de protecție la o familie de a.m.p. este extrem de scăzută (1,2%), în comparație cu ponderea distribuției răspunsurilor copiilor cu măsură de protecție într-un centru de plasament (10%), care este, de asemenea, scăzută și fără semnificație și reprezentare majoră din punct de vedere statistico-comparativ.

Tabelul şi figura D.37.a.

Distribuția procentuală a răspunsurilor copiilor cu măsură de protecție la a.m.p. date la întrebarea "Care este reacția "părinților" tăi la rezultatele tale şcolare scăzute?"

		Frequency	Percent	Valid Percent	Cumulative Percent
Valid	pozitivă	5	3.0	3.0	3.0
	negativă	152	90.5	90.5	93.5
	indiferență	11	6.5	6.5	100.0
	Total	168	100.0	100.0	

Care este reacţia "părinţilor" tăi la rezultatele tale şcolare scăzute?

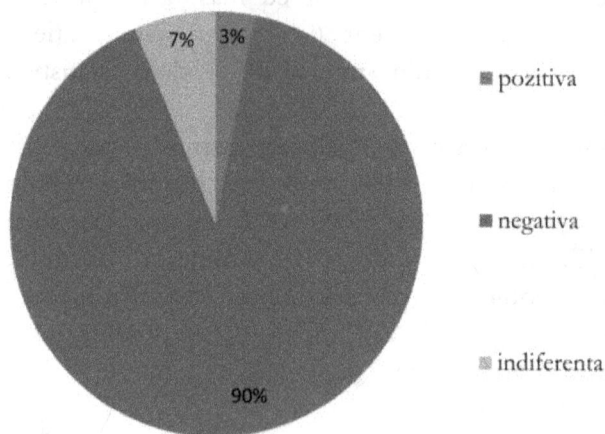

Tabelul şi figura D.37.b.

Distribuţia procentuală a răspunsurilor copiilor cu măsură de protecţie la un centru de plasament date la întrebarea "Care este reacţia personalului din centru faţă de rezultatele tale şcolare scăzute?"

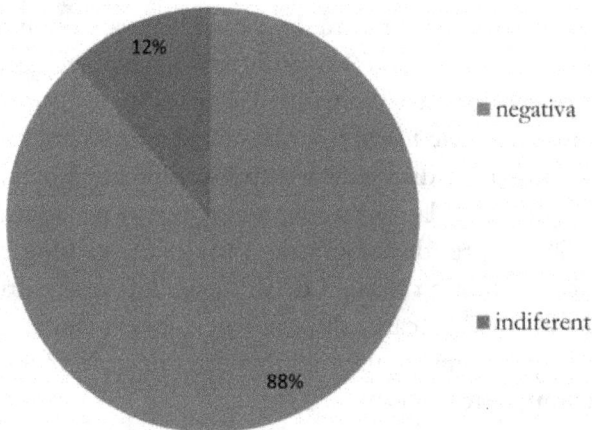

		Frequency	Percent	Valid Percent	Cumulative Percent
Valid	negativă	53	88.3	88.3	88.3
	Indiferent	7	11.7	11.7	100.0
	Total	60	100.0	100.0	

Care este reacţia personalului din centru faţă de rezultatele tale şcolare scăzute?

12%

■ negativa

■ indiferent

88%

Prelucrarea statistico-comparativă a rezultatelor răspunsurilor copiilor investigați cu măsură de protecție în cele două medii sociale – substitutiv-familial și rezidențial-instituțional- cu privire la reacția "părinților", respectiv a personalului angajat din centrele de plasament față de rezultatele școlare scăzute- ne relevă, pe ansamblu, o ușoară similitudine între ponderea distribuției răspunsurilor copiilor pentru palierele variantelor de răspuns – pozitivă, negativă și indiferență.

Astfel, pentru palierul variantei de răspuns – negativă- ponderea distribuției răspunsurilor copiilor cu măsură de protecție la o familie de a.m.p. este foarte crescută și ușor echilibrată (90,5%) cu ponderea distribuției răspunsurilor copiilor cu măsură de protecție într-un centru de plasament (88,3%), cu semnificație și reprezentare majoră din punct de vedere statistico-comparativ.

Pentru palierele variantelor de răspuns – pozitivă și indiferență- ponderea distribuției răspunsurilor copiilor cu măsură de protecție la o familie de a.m.p. este foarte scăzută (9,5%), spre deosebire de ponderea distribuției răspunsurilor copiilor cu măsură de protecție într-un centru de plasament (11,7%), care, de asemenea, este scăzută și fără semnificație și reprezentare majoră din punct de vedere statistico-comparativ.

Tabelul și figura D.38.a.

Distribuția procentuală a răspunsurilor copiilor cu măsură de protecție la a.m.p. date la întrebarea "Cât de des ești sprijinit de familie în efectuarea temelor școlare pentru acasă de la școală?"

		Frequency	Percent	Valid Percent	Cumulative Percent
Valid	foarte des	101	60.1	60.1	60.1
	des	39	23.2	23.2	83.3
	rar	13	7.7	7.7	91.1
	foarte rar	5	3.0	3.0	94.0
	deloc	10	6.0	6.0	100.0
	Total	168	100.0	100.0	

Cât de des ești sprijinit de familie în efectuarea temelor școlare pentru acasă de la școală?

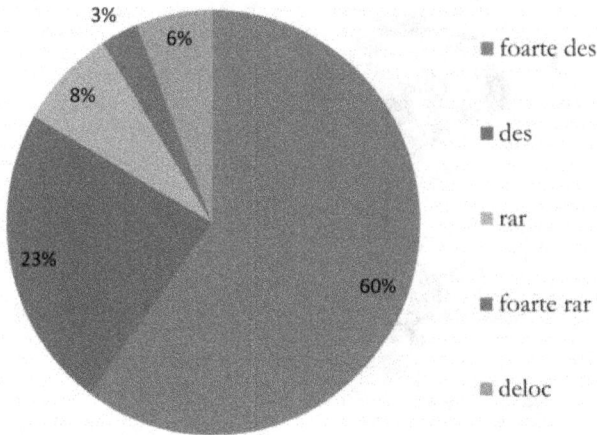

Tabelul și figura D.38.b.

*Distribuția procentuală a răspunsurilor copiilor cu măsură de protecție la
un centru de plasament date la întrebarea "Cât de des ești sprijinit de
adulții din centru în efectuarea temelor școlare pentru acasă de la școală?"*

		Frequency	Percent	Valid Percent	Cumulative Percent
Valid	foarte des	23	38.3	38.3	38.3
	des	17	28.3	28.3	66.7
	rar	12	20.0	20.0	86.7
	foarte rar	2	3.3	3.3	90.0
	deloc	6	10.0	10.0	100.0
	Total	60	100.0	100.0	

Cât de des ești sprijinit de adulții din centru în efectuarea temelor școlare pentru acasă de la școală?

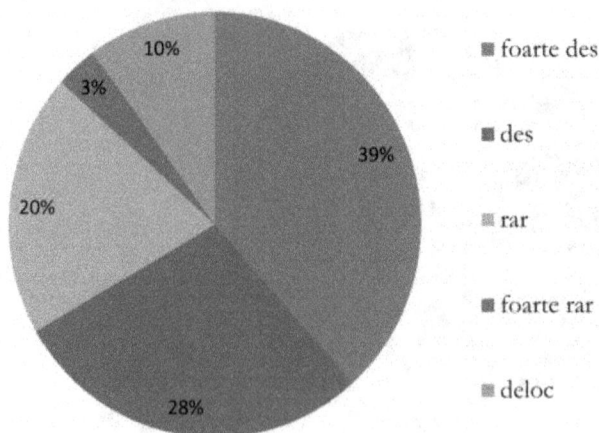

148

Prelucrarea statistico-comparativă a rezultatelor răspunsurilor copiilor investigați cu măsură de protecție în cele două medii sociale – substitutiv-familial și rezidențial-instituțional- cu privire la nivelul sprijinului de către adulții a.m.p. și a personalului angajat ai centrelor de plasament în efectuarea temelor școlare- ne relevă, pe ansamblu, o ușoară diferențiere între ponderea distribuției răspunsurilor copiilor pentru palierele variantelor de răspuns – foarte des, des, rar, foarte rar și deloc.

Astfel, pentru palierele variantelor de răspuns – foarte des și des- ponderea distribuției răspunsurilor copiilor cu măsură de protecție la o familie de a.m.p. este mai crescută (83,3%), predominând palierul variantei de răspuns – foarte des- în comparație cu ponderea distribuției răspunsurilor copiilor cu măsură de protecție într-un centru de plasament (66,6%), cu semnificație și reprezentare majoră din punct de vedere statistico-comparativ.

Pentru palierele variantelor de răspuns – rar, foarte rar și deloc- ponderea distribuției răspunsurilor copiilor cu măsură de protecție la o familie de a.m.p. este mai scăzută (16,7%), în comparație cu ponderea distribuției răspunsurilor copiilor cu măsură de protecție într-un centru de plasament (33,3%), care este, de asemenea, relativ scăzută, însă fără vreo semnificație și reprezentare majoră din punct de vedere statistico-comparativ.

Tabelul și figura D.39.a.

Distribuția procentuală a răspunsurilor copiilor cu măsură de protecție la a.m.p. date la întrebarea "Ești perseverent, conștiincios față de sarcinile școlare?"

		Frequency	Percent	Valid Percent	Cumulative Percent
Valid	foarte des	81	48.2	48.2	48.2
	des	69	41.1	41.1	89.3
	rar	12	7.1	7.1	96.4
	foarte rar	3	1.8	1.8	98.2
	deloc	3	1.8	1.8	100.0
	Total	168	100.0	100.0	

Ești perseverent, conștiincios față de sarcinile școlare?

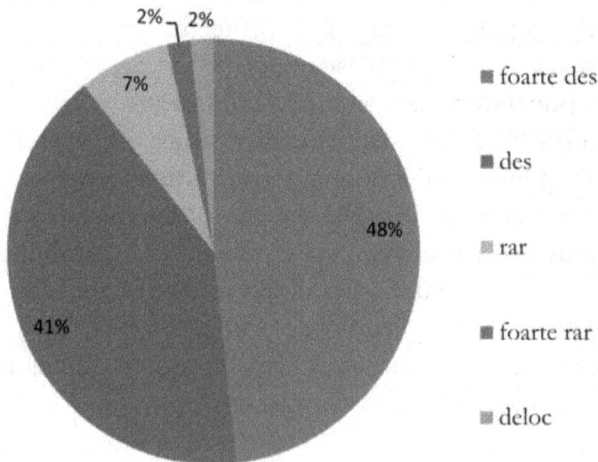

Tabelul şi figura D.39.b.

Distribuţia procentuală a răspunsurilor copiilor cu măsură de protecţie la un centru de plasament date la întrebarea "Eşti perseverent, conştiincios faţă de sarcinile şcolare?"

		Frequency	Percent	Valid Percent	Cumulative Percent
Valid	foarte des	14	23.3	23.3	23.3
	des	20	33.3	33.3	56.7
	rar	17	28.3	28.3	85.0
	foarte rar	5	8.3	8.3	93.3
	deloc	4	6.7	6.7	100.0
	Total	60	100.0	100.0	

Eşti perseverent, conştiincios faţă de sarcinile şcolare?

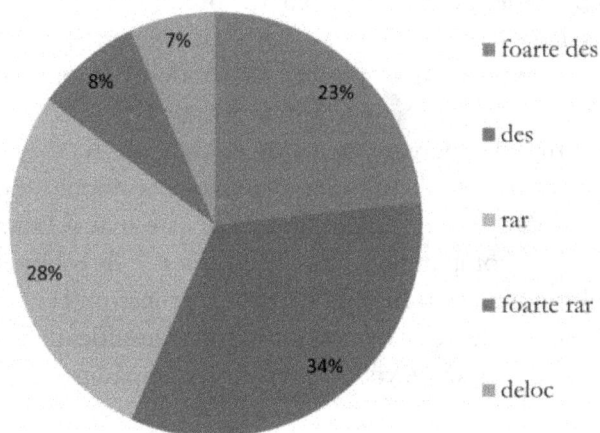

Prelucrarea statistico-comparativă a rezultatelor răspunsurilor copiilor investigați cu măsură de protecție în cele două medii sociale – substitutiv-familial și rezidențial-instituțional- cu privire la nivelul de perseverență și conștiinciozitate față de sarcinile școlare- ne relevă, pe ansamblu, o diferențiere între ponderea distribuției răspunsurilor copiilor pentru palierele variantelor de răspuns – foarte des, des, rar, foarte rar și deloc.

Astfel, pentru palierele variantelor de răspuns – foarte des și des- ponderea distribuției răspunsurilor copiilor cu măsură de protecție la o familie de a.m.p. este mai crescută (89,3%), predominând ușor palierul variantei de răspuns – foarte des- în comparație cu ponderea distribuției răspunsurilor copiilor cu măsură de protecție într-un centru de plasament (56,6%), predominând ușor palierul variantei de răspuns – des- cu semnificație și reprezentare majoră din punct de vedere statistico-comparativ.

Pentru palierele variantelor de răspuns – rar, foarte rar și deloc- ponderea distribuției răspunsurilor copiilor cu măsură de protecție la o familie de a.m.p. este mai scăzută (10,7%), în comparație cu ponderea distribuției răspunsurilor copiilor cu măsură de protecție într-un centru de plasament (43,3%), cu o oarecare semnificație și reprezentare din punct de vedere statistico-comparativ.

Tabelul şi figura D.40.a.

Distribuţia procentuală a răspunsurilor copiilor cu măsură de protecţie la a.m.p. date la întrebarea "Ce discipline şcolare te atrag mai mult?"

		Frequency	Percent	Valid Percent	Cumulative Percent
Valid	din domeniul ştiinţelor socio-umane	40	23.8	23.8	23.8
	din domeniul ştiinţelor exacte	16	9.5	9.5	33.3
	din domeniul artistic	58	34.5	34.5	67.9
	din domeniul arte-meserii	17	10.1	10.1	78.0
	din domeniul disciplinelor sportive	33	19.6	19.6	97.6
	din nici unul	4	2.4	2.4	100.0
	Total	168	100.0	100.0	

Ce discipline şcolare te atrag mai mult?

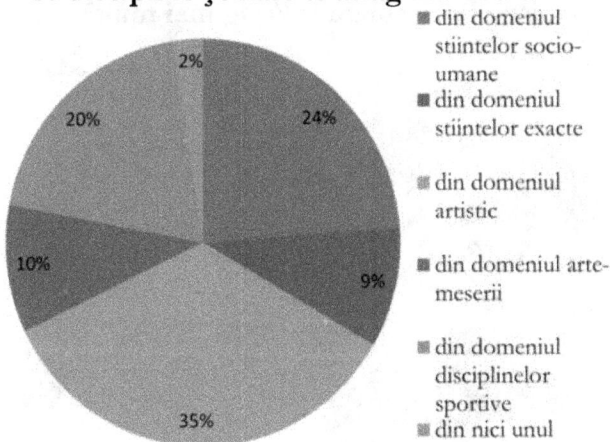

- din domeniul stiintelor socio-umane
- din domeniul stiintelor exacte
- din domeniul artistic
- din domeniul arte-meserii
- din domeniul disciplinelor sportive
- din nici unul

Tabelul şi figura D.40.b.

*Distribuţia procentuală a răspunsurilor copiilor cu măsură de protecţie la
un centru de plasament date la întrebarea "Ce discipline şcolare te atrag
mai mult?"*

		Frequency	Percent	Valid Percent	Cumulative Percent
Valid	din domeniul ştiinţelor socio-umane	12	20.0	20.0	20.0
	din domeniul ştiinţelor exacte	4	6.7	6.7	26.7
	din domeniul artistic	14	23.3	23.3	50.0
	din domeniul arte şi meserii	11	18.3	18.3	68.3
	din domeniul disciplinelor sportive	14	23.3	23.3	91.7
	din nici unul	5	8.3	8.3	100.0
	Total	60	100.0	100.0	

Ce discipline şcolare te atrag mai mult?

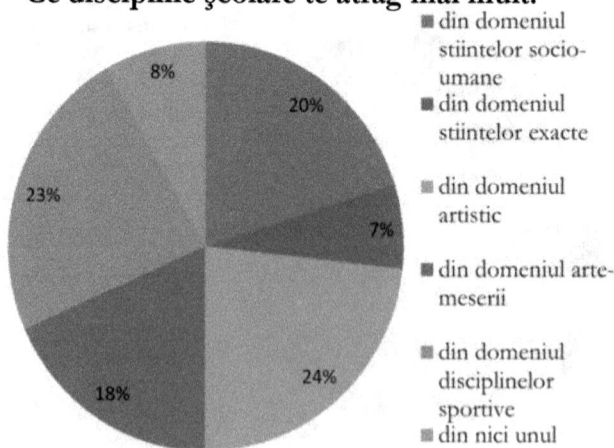

154

Prelucrarea statistico-comparativă a rezultatelor răspunsurilor copiilor investigați cu măsură de protecție în cele două medii sociale – substitutiv-familial și rezidențial-instituțional- cu privire la nivelul de atractivitate al disciplinelor școlare -, ne relevă, pe ansamblu, o varietate și ușoară diferențiere între ponderea distribuției răspunsurilor copiilor pentru palierele variantelor de răspuns – domeniul științe socio-umane, domeniul științe exacte, domeniul artistic, domeniul arte-meserii, domeniul disciplinelor sportive și nici unul.

Astfel, pentru palierul variantei de răspuns – domeniul științelor socio-umane- ponderea distribuției răspunsurilor copiilor cu măsură de protecție la o familie de a.m.p. este ușor mai crescută (23,8%), în comparație cu ponderea distribuției răspunsurilor copiilor cu măsura de protecție într-un centru de plasament (20%).

Pentru palierul variantei de răspuns – domeniul științelor exacte- ponderea distribuției răspunsurilor copiilor cu măsură de protecție la o familie de a.m.p. este ușor mai crescută (9,5%), în comparație cu ponderea distribuției răspunsurilor copiilor cu măsură de protecție într-un centru de plasament (6,7%).

Pentru palierul variantei de răspuns – domeniul artistic (muzică, desen, pictură, sculptură, dans coregrafic etc.)- ponderea distribuției răspunsurilor copiilor cu măsură de protecție la o familie de a.m.p. este mai crescută (34,5%), în comparație cu ponderea distribuției răspunsurilor copiilor cu măsură de protecție într-un centru de plasament (23,3%).

Pentru palierul variantei de răspuns – domeniul arte-meserii- ponderea distribuției răspunsurilor copiilor cu măsură de protecție la o familie de a.m.p. este mai scăzută

(10,1%), în comparaţie cu ponderea distribuţiei răspunsurilor copiilor cu măsură de protecţie într-un centru de plasament (18,3%).

Pentru palierul variantei de răspuns – domeniul disciplinelor sportive- ponderea distribuţiei răspunsurilor copiilor cu măsură de protecţie la o familie de a.m.p. este uşor mai scăzută (19,6%), în comparaţie cu ponderea distribuţiei răspunsurilor copiilor cu măsură de protecţie într-un centru de plasament (23,3%).

Pentru palierul variantei de răspuns – nici un domeniu scolar- ponderea distribuţiei răspunsurilor copiilor cu măsură de protecţie la o familie de a.m.p. este mai scăzută (2,4%), în comparaţie cu ponderea distribuţiei răspunsurilor copiilor cu măsură de protecţie într-un centru de plasament (8,3%).

Tabelul și figura D.41.a.

Distribuția procentuală a răspunsurilor copiilor cu măsură de protecție la a.m.p. date la întrebarea "Cum ești văzut de cadrele didactice?"

		Frequency	Percent	Valid Percent	Cumulative Percent
Valid	foarte bine	93	55.4	55.4	55.4
	bine	70	41.7	41.7	97.0
	rău	2	1.2	1.2	98.2
	le este indiferent	3	1.8	1.8	100.0
	Total	168	100.0	100.0	

Cum ești văzut de cadrele didactice?

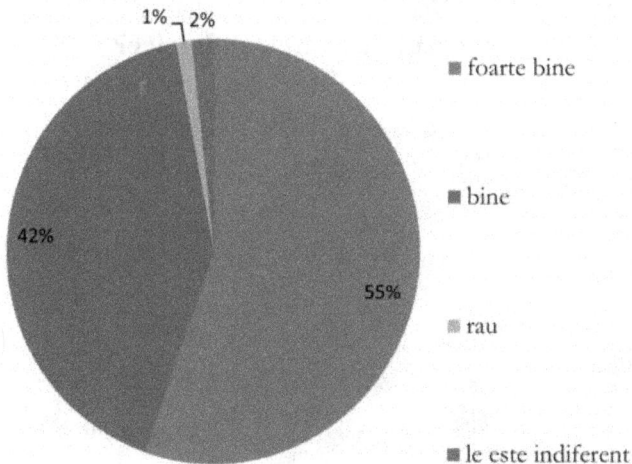

Tabelul și figura D.41.b.

Distribuția procentuală a răspunsurilor copiilor cu măsură de protecție la un centru de plasament date la întrebarea "Cum ești văzut de cadrele didactice?"

		Frequency	Percent	Valid Percent	Cumulative Percent
Valid	foarte bine	16	26.7	26.7	26.7
	bine	33	55.0	55.0	81.7
	rău	8	13.3	13.3	95.0
	foarte rău	2	3.3	3.3	98.3
	le este indiferent	1	1.7	1.7	100.0
	Total	60	100.0	100.0	

Cum ești văzut de cadrele didactice?

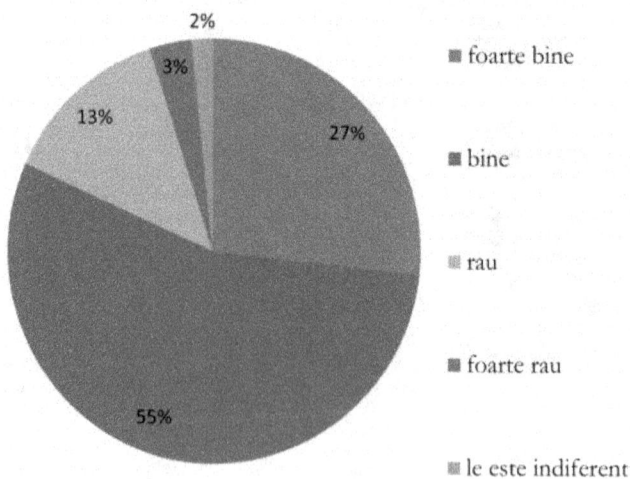

158

Prelucrarea statistico-comparativă a rezultatelor răspunsurilor copiilor investigați cu măsură de protecție în cele două medii sociale – substitutiv-familial și rezidențial-instituțional- cu privire la nivelul de autopercepție socio-școlară în relația cu cadrele didactice din școală- ne relevă, pe ansamblu, o ușoară similitudine între ponderea distribuției răspunsurilor copiilor pentru palierele variantelor de răspuns – foarte bine, bine, rău, foarte rău și le sunt indiferent.

Astfel, pentru palierele variantelor de răspuns – foarte bine și bine- ponderea distributiei răspunsurilor copiilor cu măsură de protecție la o familie de a.m.p. este ușor mai crescută (97,1%), predominând palierul variantei de răspuns – foarte bine- în comparație cu ponderea distribuției răspunsurilor copiilor cu măsură de protecție într-un centru de plasament (81,7%), predominând palierul variantei de raspuns – bine- cu semnificație și reprezentare majoră din punct de vedere statistico-comparativ.

Pentru palierele variantelor de răspuns – rău, foarte rău și le sunt indiferent- ponderea distribuției răspunsurilor copiilor cu măsură de protecție la o familie de a.m.p. este mai scăzută (3%), în comparație cu ponderea distribuției răspunsurilor copiilor cu măsură de protecție într-un centru de plasament (18,3%), fără semnificație și reprezentare din punct de vedere statistico-comparativ.

Tabelul și figura D.42.a.

Distribuția procentuală a răspunsurilor copiilor cu măsură de protecție la a.m.p. date la întrebarea "Cum ești văzut de colegii de școală?"

		Frequency	Percent	Valid Percent	Cumulative Percent
Valid	foarte bine	106	63.1	63.1	63.1
	bine	52	31.0	31.0	94.0
	rău	4	2.4	2.4	96.4
	foarte rău	1	.6	.6	97.0
	le este indiferent	5	3.0	3.0	100.0
	Total	168	100.0	100.0	

Cum ești văzut de colegii de școală?

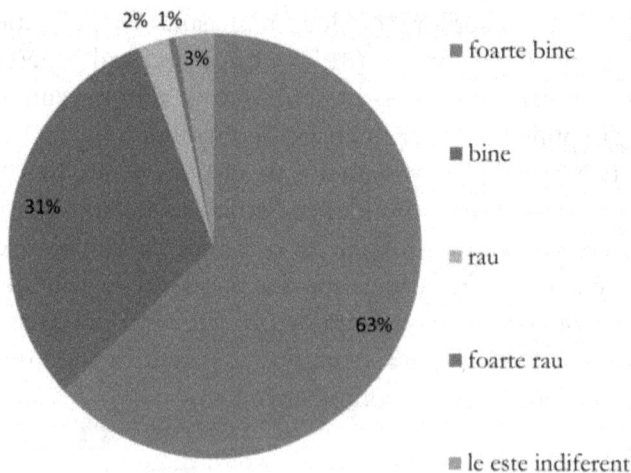

Tabelul şi figura D.42.b.

Distribuţia procentuală a răspunsurilor copiilor cu măsură de protecţie la un centru de plasament date la întrebarea "Cum eşti văzut de colegii de şcoală?"

		Frequency	Percent	Valid Percent	Cumulative Percent
Valid	foarte bine	21	35.0	35.0	35.0
	bine	32	53.3	53.3	88.3
	rău	2	3.3	3.3	91.7
	foarte rău	1	1.7	1.7	93.3
	le este indiferent	4	6.7	6.7	100.0
	Total	60	100.0	100.0	

Cum eşti văzut de colegii de şcoală?

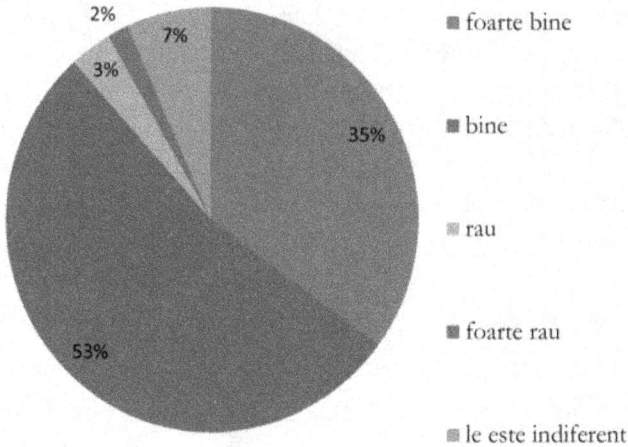

161

Prelucrarea statistico-comparativă a rezultatelor răspunsurilor copiilor investigați cu măsură de protecție în cele două medii sociale – substitutiv-familial și rezidențial-instituțional- cu privire la nivelul de autopercepție socio-școlară în relația cu ceilalți colegi de școală- ne relevă, pe ansamblu, o ușoară similitudine între ponderea distribuției răspunsurilor copiilor pentru palierele variantelor de răspuns – foarte bine, bine, rău, foarte rău și le sunt indiferent.

Astfel, pentru palierele variantelor de răspuns – foarte bine și bine- ponderea distribuției răspunsurilor copiilor cu măsură de protecție la o familie de a.m.p. este ușor mai crescută (94,1%), predominând palierul variantei de răspuns – foarte bine- în comparație cu ponderea distribuției răspunsurilor copiilor cu măsură de protecție într-un centru de plasament (88,3%), predominând palierul variantei de răspuns – bine- cu semnificație și reprezentare majoră din punct de vedere statistico-comparativ.

Pentru palierele variantelor de răspuns – rău, foarte rău și le sunt indiferent- ponderea distribuției răspunsurilor copiilor cu măsură de protecție la o familie de a.m.p. este mai scăzută (6%), în comparație cu ponderea distribuției răspunsurilor copiilor cu măsură de protecție într-un centru de plasament (11,7%), fără semnificație și reprezentare din punct de vedere statistico-comparativ.

Tabelul și figura D.43.a.

Distribuția procentuală a răspunsurilor copiilor cu măsură de protecție la a.m.p. date la întrebarea "Cât de des ai intrat în conflict cu cadrele didactice?"

		Frequency	Percent	Valid Percent	Cumulative Percent
Valid	foarte des	10	6.0	6.0	6.0
	des	9	5.4	5.4	11.3
	rar	16	9.5	9.5	20.8
	foarte rar	36	21.4	21.4	42.3
	deloc	97	57.7	57.7	100.0
	Total	168	100.0	100.0	

Cât de des ai intrat în conflict cu cadrele didactice?

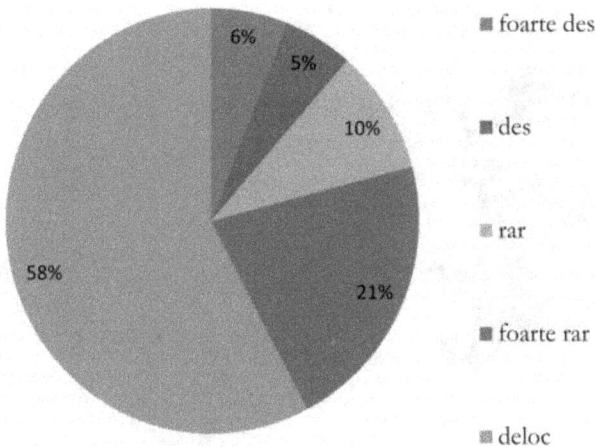

Tabelul și figura D.43.b.

Distribuția procentuală a răspunsurilor copiilor cu măsură de protecție la un centru de plasament date la întrebarea "Cât de des ai intrat în conflict cu cadrele didactice?"

		Frequency	Percent	Valid Percent	Cumulative Percent
Valid	foarte des	3	5.0	5.0	5.0
	des	11	18.3	18.3	23.3
	rar	20	33.3	33.3	56.7
	foarte rar	15	25.0	25.0	81.7
	deloc	11	18.3	18.3	100.0
	Total	60	100.0	100.0	

Cât de des ai intrat în conflict cu cadrele didactice?

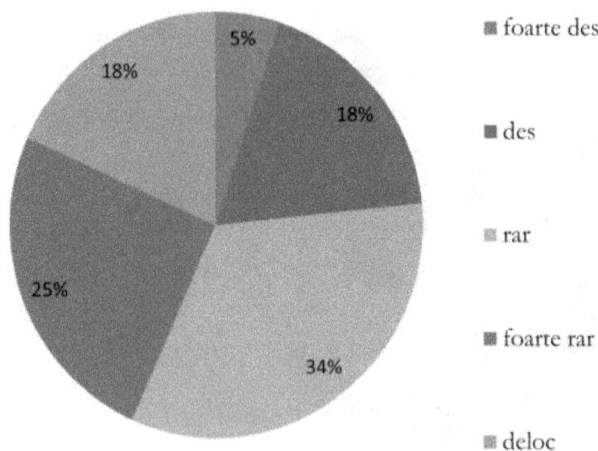

- foarte des
- des
- rar
- foarte rar
- deloc

164

Prelucrarea statistico-comparativă a rezultatelor răspunsurilor copiilor investigați cu măsură de protecție în cele două medii sociale – substitutiv-familial și rezidențial-instituțional- cu privire la frecvența situațiilor conflictuale în relația cu cadrele didactice- ne relevă, pe ansamblu, o ușoară diferențiere între ponderea distribuției răspunsurilor copiilor pentru palierele variantelor de răspuns – foarte des, des, rar, foarte rar și deloc.

Astfel, pentru palierele variantelor de răspuns – foarte des și des- ponderea distribuției răspunsurilor copiilor cu măsură de protecție la o familie de a.m.p. este ușor mai scăzută (11,4%)- în comparație cu ponderea distribuției răspunsurilor copiilor cu măsură de protecție într-un centru de plasament (23,3%)- fără semnificație și reprezentare din punct de vedere statistico-comparativ.

Pentru palierele variantelor de răspuns – rar, foarte rar și deloc- ponderea distribuției răspunsurilor copiilor cu măsură de protecție la o familie de a.m.p. este ușor mai crescută (88,6%), predominând palierul variantei de răspuns – deloc- în comparație cu ponderea distribuției răspunsurilor copiilor cu măsură de protecție într-un centru de plasament (76,6%), predominând palierul variantei de răspuns – rar și foarte rar- cu semnificație și reprezentare majoră din punct de vedere statistico-comparativ.

Tabelul şi figura D.44.a.

*Distribuţia procentuală a răspunsurilor copiilor cu măsură de protecţie la
a.m.p. date la întrebarea "Cât de des ai intrat în conflict cu colegii de
şcoala?"*

		Frequency	Percent	Valid Percent	Cumulative Percent
Valid	foarte des	13	7.7	7.7	7.7
	des	15	8.9	8.9	16.7
	rar	36	21.4	21.4	38.1
	foarte rar	56	33.3	33.3	71.4
	deloc	48	28.6	28.6	100.0
	Total	168	100.0	100.0	

Cât de des ai intrat în conflict cu colegii de şcoala?

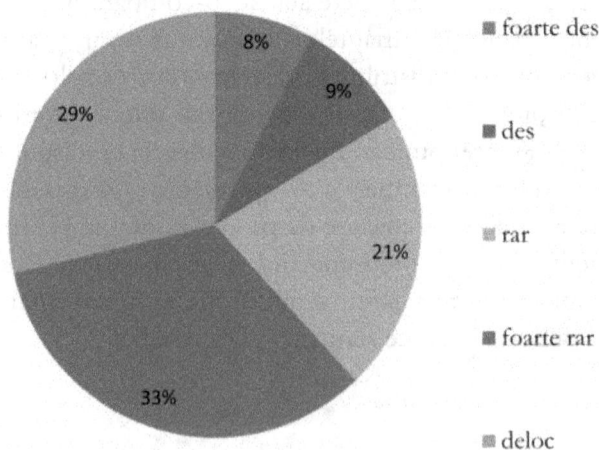

Tabelul și figura D.44.b.

Distribuția procentuală a răspunsurilor copiilor cu măsură de protecție la un centru de plasament date la întrebarea "Cât de des ai intrat în conflict cu colegii de școală?"

		Frequency	Percent	Valid Percent	Cumulative Percent
Valid	foarte des	2	3.3	3.3	3.3
	des	14	23.3	23.3	26.7
	rar	21	35.0	35.0	61.7
	foarte rar	12	20.0	20.0	81.7
	deloc	11	18.3	18.3	100.0
	Total	60	100.0	100.0	

Cât de des ai intrat în conflict cu colegii de școala?

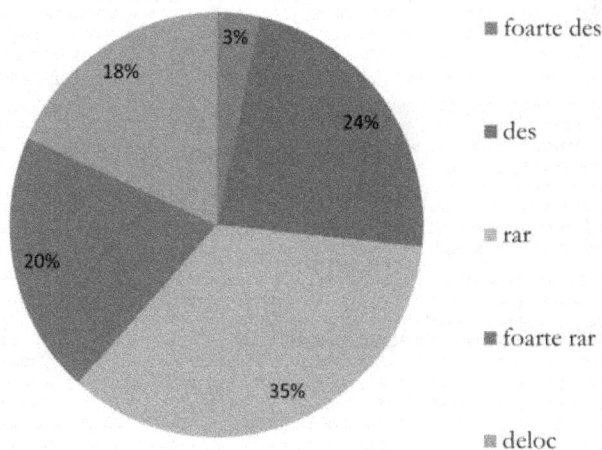

Prelucrarea statistico-comparativă a rezultatelor răspunsurilor copiilor investigați cu măsură de protecție în cele două medii sociale – substitutiv-familial și rezidențial-instituțional- cu privire la frecvența situațiilor conflictuale în relația cu ceilalți colegi de școală- ne relevă, pe ansamblu, o ușoară diferențiere între ponderea distribuției răspunsurilor copiilor pentru palierele variantelor de răspuns – foarte des, des, rar, foarte rar și deloc.

Astfel, pentru palierele variantelor de răspuns – foarte des și des- ponderea distribuției răspunsurilor copiilor cu măsură de protecție la o familie de a.m.p. este ușor mai scăzută (16,6%)- în comparație cu ponderea distribuției răspunsurilor copiilor cu măsură de protecție într-un centru de plasament (26,6%)- fără semnificație și reprezentare din punct de vedere statistico-comparativ.

Pentru palierele variantelor de răspuns – rar, foarte rar și deloc- ponderea distribuției răspunsurilor copiilor cu măsură de protecție la o familie de a.m.p. este ușor mai crescută (83,3%), predominând palierul variantei de răspuns – foarte rar- în comparație cu ponderea distribuției răspunsurilor copiilor cu măsură de protecție într-un centru de plasament (73,3%), predominând palierul variantei de răspuns – rar- cu semnificație și reprezentare majoră din punct de vedere statistico-comparativ.

Tabelul și figura D.45.a.

Distribuția procentuală a răspunsurilor copiilor cu măsură de protecție la a.m.p. date la întrebarea "Ce activități îți place să desfășori în afara orelor școlare?"

		Frequency	Percent	Valid Percent	Cumulative Percent
Valid	culturale	53	31.5	31.5	31.5
	sportive	69	41.1	41.1	72.6
	plimbări prin parc	33	19.6	19.6	92.3
	computer/ internet	13	7.7	7.7	100.0
	Total	168	100.0	100.0	

Ce activități îți place să desfășori în afara orelor școlare?

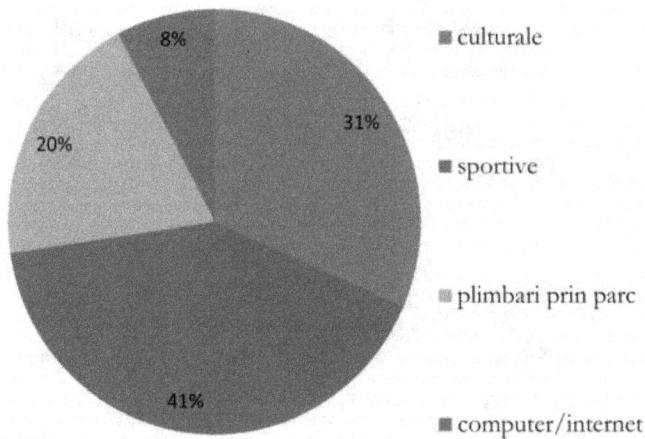

169

Tabelul și figura D.45.b.

Distribuția procentuală a răspunsurilor copiilor cu măsură de protecție la un centru de plasament date la întrebarea "Ce activități îți place să desfășori în afara orelor școlare?"

		Frequency	Percent	Valid Percent	Cumulative Percent
Valid	culturale	10	16.7	16.7	16.7
	sportive	24	40.0	40.0	56.7
	plimbări prin parc	22	36.7	36.7	93.3
	computer/ internet	4	6.7	6.7	100.0
	Total	60	100.0	100.0	

Ce activități îți place să desfășori în afara orelor școlare?

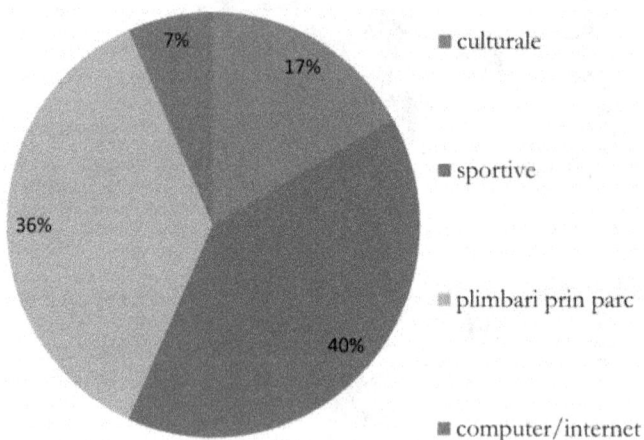

7%
17%
36%
40%

- culturale
- sportive
- plimbari prin parc
- computer/internet

Prelucrarea statistico-comparativă a rezultatelor răspunsurilor copiilor investigaţi cu măsură de protecţie în cele două medii sociale – substitutiv-familial şi rezidenţial-instituţional- cu privire la nivelul de atractivitate al activităţilor extraşcolare- ne relevă, pe ansamblu, o varietate şi usoară diferenţiere între ponderea distribuţiei răspunsurilor copiilor pentru palierele variantelor de răspuns – culturale, sportive, plimbări prin parc, cofetărie, restaurant, vizite ale unor obiective de interes public şi computer/internet.

Astfel, pentru palierul variantei de răspuns – activităţi culturale (lectură, vizionări de film, pictură etc.)- ponderea distribuţiei răspunsurilor copiilor cu măsură de protecţie la o familie de a.m.p. este mai crescută (31,5%), în comparaţie cu ponderea distribuţiei răspunsurilor copiilor cu măsură de protecţie într-un centru de plasament (16,7%).

Pentru palierul variantei de răspuns – activităţi sportive (fotbal, volei, tenis de câmp, de picior, atletism, culturism etc.)- ponderea distribuţiei răspunsurilor copiilor cu măsură de protecţie la o familie de a.m.p. este uşor echilibrată (41,5%) cu ponderea distribuţiei răspunsurilor copiilor cu măsură de protecţie într-un centru de plasament (40%).

Pentru palierul variantei de răspuns – plimbări prin parc, cofetărie, restaurant, vizite ale unor obiective de interes public etc.- ponderea distribuţiei răspunsurilor copiilor cu măsură de protecţie la o familie de a.m.p. este mai scăzută (19,6%), în comparaţie cu ponderea distribuţiei răspunsurilor copiilor cu măsură de protecţie într-un centru de plasament (36,7%).

Pentru palierul variantei de răspuns – computer/internet- ponderea distribuției răspunsurilor copiilor cu măsură de protecție la o familie de a.m.p. este ușor echilibrată (7,7%) cu ponderea distribuției răspunsurilor copiilor cu măsură de protecție într-un centru de plasament (6,7%).

Tabelul și figura D.46.a.

Distribuția procentuală a răspunsurilor copiilor cu măsură de protecție la a.m.p. date la întrebarea "Crezi că "familia" te sprijină în orientarea ta socio-profesională?"

		Frequency	Percent	Valid Percent	Cumulative Percent
Valid	da	165	98.2	98.2	98.2
	nu	3	1.8	1.8	100.0
	Total	168	100.0	100.0	

Crezi că "familia" te sprijină în orientarea ta socio-profesională?

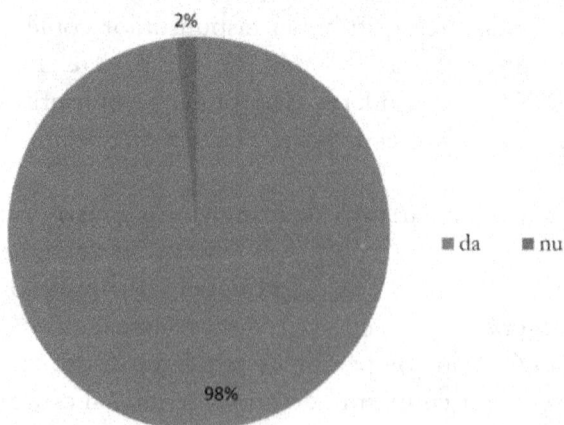

Tabelul şi figura D.46.b.

Distribuţia procentuală a răspunsurilor copiilor cu măsură de protecţie la un centru de plasament date la întrebarea "Crezi că personalul din centru te sprijină în orientarea ta socio-profesională?"

		Frequency	Percent	Valid Percent	Cumulative Percent
Valid	da	50	83.3	83.3	83.3
	nu	10	16.7	16.7	100.0
	Total	60	100.0	100.0	

Crezi că personalul din centru te sprijină în orientarea ta socio-profesională?

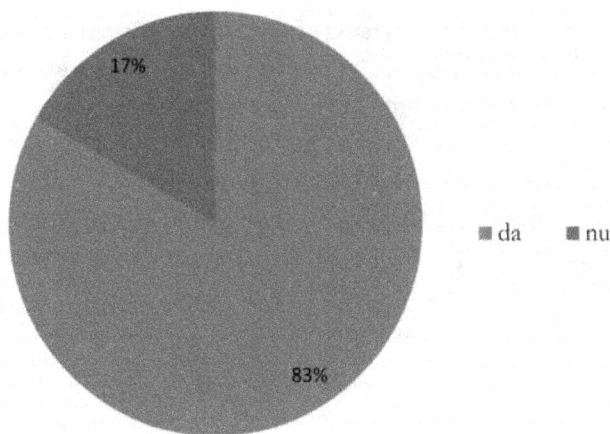

173

Prelucrarea statistico-comparativă a rezultatelor răspunsurilor copiilor investigați cu măsură de protecție în cele două medii sociale – substitutiv-familial și rezidențial-instituțional- cu privire la sprijinul oferit de către "familie", respectiv personalul angajat al centrelor de plasament în vederea orientării socio-profesionale- ne relevă, pe ansamblu, o ușoară diferențiere între ponderea distribuției răspunsurilor copiilor pentru palierele variantelor de răspuns – da și nu.

Astfel, pentru palierul variantei de răspuns – da- ponderea distribuției răspunsurilor copiilor cu măsură de protecție la o familie de a.m.p. este ușor mai crescută (98,2%), în comparație cu ponderea distribuției răspunsurilor copiilor cu măsură de protecție într-un centru de plasament (83,3%), cu semnificație și reprezentare majoră din punct de vedere statistico-comparativ.

Pentru palierul variantei de răspuns – nu- ponderea distribuției răspunsurilor copiilor cu măsură de protecție la o familie de a.m.p. este foarte scăzută (1,8%), în comparație cu ponderea distribuției răspunsurilor copiilor cu măsură de protecție într-un centru de plasament (16,7%), fără semnificație și reprezentare din punct de vedere statistico-comparativ.

Capitolul 5. Verificarea ipotezelor de lucru şi interpretarea calitativ-comparativă a rezultatelor cercetării

Prin cercetarea de faţă, cu validitate şi reprezentativitate ştiinţifică pentru categoria copiilor cu măsură de protecţie instituită în mediul familial-substitutiv (asistenţa maternală) şi rezidenţial-instituţional (centre de plasament) din cadrul D.G.A.S.P.C. Vaslui, am reuşit să scot în evidenţă o serie de diferenţe şi uşoare diferenţe sau similitudini ale dezvoltării familiale şi psiho-social-şcolare ale copiilor eşantionaţi.

Unele dintre aceste diferenţe şi uşoare similitudini ale dezvoltării familiale şi psiho-social-şcolare a copiilor din cele două medii sociale studiate au, pe ansamblul fiecărui item în parte, circumscrise celor două chestionare de satisfacţie elaborate pentru cele două categorii de copii, o relevanţă, semnificaţie şi reprezentativitate crescută, altele mai puţin şi chiar deloc din punct de vedere statistico-comparativ, cum este cazul prelucrării statistice şi analizei comparativ-interpretative a rezultatelor răspunsurilor copiilor după variabilele sex (masculin/feminin), mediul social de rezidenţă (urban şi rural) şi intervalele de vârstă (10-12 ani, 13-15 ani şi 16-18 ani), în care, contrar aşteptărilor, nu s-au regăsit elemente definitorii şi clare de diferenţiere a acestor rezultate care să permită o decelare obiectivă a acestora, dimpotrivă, apar, pe alocuri, doar uşoare oscilaţii sau variaţii ale rezultatelor răspunsurilor copiilor, fără însă o semnificaţie şi relevanţă statistico-comparativă.

Aşadar, în lumina prelucrării statistico-comparative primare şi a analizei comparativ-interpretative a rezultatelor răspunsurilor copiilor cu măsură de protecţie în cele două medii sociale substitutive, au reieşit o serie de diferenţe, uşoare diferenţe şi chiar uşoare similitudini pe dimensiunile de dezvoltare familială, psihologică, socială şi şcolară ale copiilor, după cum urmează:

5.1. Pentru dimensiunea dezvoltării familiale

Potrivit rezultatelor cercetării, se poate afirma că cei mulţi copii *proveniţi din familiile lor de origine* sunt cu măsură de protecţie instituită într-un mediu familial-substitutiv, în comparaţie cu mediul rezidenţial-instituţional, ceea ce ne indică din partea instituţiei abilitate existenţa unui accent sporit spre adoptarea măsurilor de protecţie a copiilor cu precădere la o familie de a.m.p., decât într-un centru de plasament, şi tendinta evidentă de dezinstituţionalizare a copiilor, prin promovarea, susţinerea şi implementarea alternativelor familiale, cum este în cazul de fată, instituirea măsurii de protecţie a copiilor la o familie de a.m.p.

De asemenea, în paralel, mai constatăm că un număr destul de semnificativ de copii aflaţi în centrele de plasament au mai avut deja de a face cu un mediu familial-substitutiv, fiindu-le temporar modificată măsura de protecţie într-un centru de plasament, întrucat nu au reuşit să se acomodeze şi să se adapteze în sânul familiilor substitutive selectate pentru aceştia.

Cu privire la *cauzele instituirii măsurilor de protecţie în cele două medii sociale substitutive*, se poate spune, pentru ambele categorii de copii studiate, că predomină lipsa condiţiilor de creştere, îngrijire şi educare în familiile lor naturale, urmate de abandonul familial, decesul unuia sau a ambilor părinți, abuz/neglijare familială (mai ales a procentului copiilor din centrele de plasament, care sunt incluși în diverse programe de recuperare și reabilitare psihoterapeutică specifice tipurilor și formelor de abuz/neglijare la care au fost supuși în sânul familiilor naturale și în care nevoia specialiștilor calificați pe un timp mai îndelungat este indispensabilă în activitatea terapeutică cu astfel de copii).

După cum se poate lesne observa, indiferent de cauzele instituirii măsurilor de protecție a copiilor în cele două medii sociale - substitutiv-familial și rezidențial-instituțional -, există o tendință asccendentă de promovare și implementare a alternativelor de tip familial a copiilor aflați în dificultate din judet, cum este în cazul de față, instituirea măsurii de protecție la o familie de a.m.p., și de dezinstituționalizare în continuare a copiilor rămași în centrele de plasament.

Privitor la *frecvența menținerii legăturilor copiilor cu familiile de origine*, contrar așteptărilor, se poate afirma că cei mai mulți copii care mențin relații cu familiile de origine, respectiv zilnic, săptămânal și lunar, sunt chiar cei din centrele de plasament, decât cei din mediul familial-substitutiv, ceea ce ne indică că în mediul familial-substitutiv există un interes și o preocupare mai slabă pentru susținerea și încurajarea relațiilor copiilor cu familia de origine din partea adulților a.m.p., din considerente unilaterale ori bilaterale, decât în mediul rezidențial-instituțional unde interesul pentru susținerea, promovarea și încurajarea menținerii relațiilor copiilor cu familia de origine este cu mult mai crescut din partea personalului angajat al centrelor de plasament.

177

Astfel, ipoteza de lucru enunțată, conform căreia, ponderea menținerii legăturilor cu familia naturală este mai crescută în rândul copiilor cu măsură de protecție la o familie de a.m.p., decât în rândul copiilor cu măsură de protecție într-un centru de plasament – *se infirmă.*

Cu toate acestea, pentru ambele categorii de copii din mediul familial-substitutiv și cel rezidențial-instituțional, care au opțiuni diferențiate în această direcție apare avantajul, pe fondul susținerii și încurajării menținerii legăturilor cu familia naturală din partea adulților a.m.p. și a celor din centrele de plasament, că nu vor fi dificultăți pentru ei în cadrul procesului de acomodare, adaptare și integrare intra-familială după încetarea măsurii de protecție, mai ales a copiilor din mediul substitutiv-familial în care au avantajul cunoașterii deja a două modele familiale – natural și cel substitutiv-familial. Însă nu de aceeași situație se poate vorbi de procentul relativ scăzut al celorlalte două categorii de copii care mențin doar anual sau deloc legături cu familia naturală.

Cu privire la *timpul de ședere a copiilor în cele doua medii sociale substitutive*, se poate afirma că cei mai mulți copii, cu perioada de ședere de 1-3 ani, sunt cei din centrele de plasament, decât cei din mediul familial-substitutiv ceea ce ne indică că nu au fost încă identificate din partea personalului specializat al instituției abilitate a unor familii substitutive capabile și apte să absoarbă și să răspundă favorabil nevoilor și cerințelor aceastei categorii de copii, așa cum s-a întamplat în cazul copiilor cu măsură de protecție la o familie de a.m.p. Pe de altă parte, scurtarea intervalului de timp de ședere a copiilor în urma instituirii măsurii de protecție într-un centru de plasament face să existe premise favorabile de identificare rapidă și facilă din partea specialiștilor a familiilor substitutive dornice să absoarbă această categorie de copii, sșiut fiind faptul că într-o astfel de perioadă de timp scurtă de ședere a copiilor într-un centru de plasament există reale premise și șanse ca acestor copii să li se identifice mult mai ușor familii substitutive care să răspundă standardelor intrafamiliale pe care le așteaptă aceștia în sânul familiilor substitutive.

Pentru celelalte perioade de ședere a copiilor, respectiv 4-6 ani și peste 7 ani, procentul copiilor din centrele de plasament este scăzut și nesemnificativ, ceea ce ne ilustrează, ca și în cazul inexistenței copiilor de sub 1 an în centrele de plasament, tendința clară a procesului de dezinstituționalizare a copiilor în favoarea promovării și adoptării alternativelor de tip familial, cum este în cazul de față, instituirea cu precădere a măsurilor de protecție a copiilor la o familie de a.m.p.

Referitor la *nivelul modalităților de acomodare în cele două medii sociale*, putem afirma că procentul ambelor categorii de copii studiate, cu ușoare diferențe, au reușit în mod adecvat să se acomodeze intrafamilial-instituțional, ceea ne ilustrează o compatibilitate între nivelul crescut de adaptare și acomodare intrafamilial-instituțională a copiilor, și nivelul ridicat de deschidere, disponibilitate spre intruziune, absorbție, satisfacere a nevoilor și trebuințelor specifice, responsabilizare, determinare familial-instituțională, venit din partea deopotrivă a adulților a.m.p. și a personalului angajat din centrele de plasament.

Nu același lucru îl putem spune despre celălalt procent scăzut și nesemnificativ al copiilor din cele două medii sociale substitutive, mai ales cel rezidențial-instituțional, în care apar la acești copii dificultăți în jurul procesului de adaptare, acomodare și integrare familial-instituţională, determinate cu precădere fie, la unii copii, de timpul scurt de şedere în cele două medii sociale şi neputinţa cristalizării unor opinii şi atitudini care să le permită facilitarea adaptării şi acomodării la noile reguli şi norme promovate şi susţinute în sânul celor două medii sociale, fie de apariţia şi dezvoltarea, la alţi copii din această categorie, a unor procese, mecanisme şi însuşiri individuale disociative şi destructurate din punct de vedere psiho-emoţional şi psiho-comportamental incluşi, pe o anumită perioadă de timp, într-o serie de programe de consiliere şi psihoterapie din cadrul serviciilor de specialitate ale instituţiei de profil.

Cu privire la *gradul de mulţumire şi satisfacţie al actualei măsuri de protecţie al copiilor* din cele două medii sociale substitutive, este de remarcat un procent foarte crescut şi semnificativ în acest sens, ceea ne ilustrează o compatibilitate între nivelul crescut de mulţumire şi satisfacţie al copiilor ca urmare a instituirii legale a măsurii de protecţie adoptate în cele două medii sociale, şi nivelul de identificare, evaluare şi potrivire psiho-socio-familial-instituţională corespunzătoare din partea corpului de specialişti cu atribuţii în acest domeniu, a persoanelor adulte ce şi-au exprimat pe baza încheierii unui contract de muncă dorinţa şi interesul de a desfăşura în mod direct şi nemijlocit repertoriul de activităţi intrafamiliale şi intrainstituţionale specifice cu această categorie de copii.

Nu de aceeaşi situaţie se poate spune despre procentul scăzut şi nesemnificativ al copiilor din cele două medii sociale substitutive, cu deosebire despre cei din centrele de plasament, în care există un nivel ridicat de nemulţumire şi insatisfacţie personal-afectivă în urma instituirii măsurii de protecţie adoptate pentru aceştia, determinate cu precădere de un nivel scăzut de implicare şi motivare profesională, ataşament afectiv-emoţional, înţelegere, toleranţă, empatie, îngăduinţă, cooperare şi interacţiune psiho-socio-instituţională a unei părţi a personalului angajat din mediul rezidenţial-instituţional în activitatea cotidiană cu această categorie de copii.

În ceea ce priveşte *persoana adultă cu care se înţeleg cel mai bine copiii*, se poate afirma, în cazul celor cu măsură de protecţie la o familie de a.m.p. că în topul opţiunilor exprimate predomină "mama", ceea ce ne indică într-o proporţie foarte ridicată că persoana cu care se înţeleg cel mai bine o constituie "mama", definită în cazul nostru ca persoana de referinţă, reper sau model de raportare personală a copiilor în toate relaţiile de comunicare şi interacţiune intrafamilială, nefiind însă de neglijat nici ceilalţi parteneri socio-familiali implicaţi– "tata" şi copiii acestora, care, după cum se poate observa, chiar dacă ponderea distribuţiei răspunsurilor copiilor este relativ scăzută pentru aceştia din urmă, nu înseamnă că aceştia nu joacă un rol esenţial şi pozitiv în relaţiile de viată intrafamilială a copiilor care şi-au exprimat deja această opţiune.

În cazul copiilor cu măsură de protecţie într-un centru de plasament, în topul opţiunilor exprimate se află şeful de centru, urmat de educator, asistent social, psiholog, bucătar şi paznic, ceea ce ne indică că, spre deosebire de opţiunile exprimate de copiii din mediul familial-substitutiv, în care ponderea distribuţiei răspunsurilor este omogenă şi concentrată în jurul "mamei", la aceşti copii ponderea distribuţiei răspunsurilor este diversificată, variată şi disipată spre mai multe persoane adulte ce lucrează în centrul de plasament. Explicaţia disipării şi diversificării opţiunilor exprimate pentru persoanele de referință amintite o constituie existența unui microgrup rezidențial de tip familial- substitutiv mai lărgit, în care personalul lucrativ este mai numeros și își au propriile lor sarcini și activități în relația de comunicare și interacțiune strict profesională cu acești copii din centru, ceea ce a permis acestor copii să-și aleagă o persoană de referință și de încredere cu care să se raporteze ca model personal. De aceea, chiar dacă opțiunile copiilor pentru persoanele adulte cu care se înțeleg mai bine sunt ceva mai numeroase în jurul șefului de centru, educatorului și asistentului social, nu înseamnă că celelalte persoane, respectiv psiholog, bucătar și paznic, mai puține la număr, nu pot să se înțeleagă bine și juca un rol major în modelarea comportamentului copiilor din centrul de plasament.

Ceea ce este însă important, chiar dacă răspunsurile exprimate de copii sunt disipate, este faptul că aceștia, în totalitate, și-au exprimat opțiunea că se înțeleg foarte bine cu o anumită persoană adultă din mediul rezidențial-instituțional, în sensul că toți copii au ca model de referință o anumită persoană adultă, indiferent de rolul și statusul socio-profesional al fiecăruia dintre aceștia.

În legătură cu nivelul de încurajare a menținerii legăturilor cu membrii familiei de origine a copiilor din partea "familiilor" lor, respectiv din partea personalului angajat al centrelor de plasament, se poate spune că majoritatea copiilor din ambele medii sociale substitutive sunt încurajați în a menține relațiile cu familia naturală, ceea ce înseamnă că nu există dificultăți în privința încurajării din partea adulților a.m.p. și personalului angajat al centrelor de plasament a menținerii relațiilor lor cu membrii familiilor naturale, ce au loc prin acceptarea și stabilirea de comun acord şi în mod regulat a vizitelor între copiii şi membrii familiilor naturale, fie în mediile sociale substitutive, fie în propriile lor familii naturale.

Nu acelaşi lucru îl putem afirma despre celălalt procent scăzut şi nesemnificativ statistic de copii care nu sunt încurajaţi în a menţine relaţii cu familia naturala, ca urmare a existenţei anumitor relaţii de comunicare şi interacţiune defectuoase ce s-au încimentat în timp, şi dorinţa adulţilor angajaţi de a preveni sau evita astfel de relaţii tensionate sau conflictuale ce ar putea să apară între cele două părţi prin neorganizarea vizitelor şi, implicit, nemenţinerea legăturilor intrafamiliale, dar şi ca urmare, în cazul altor copii din această categorie, a abandonului familial şi dorinţa unor familii de a.m.p. de a-i adopta pe parcursul plasamentului familial, precum şi ca urmare a unor suferinţe şi traume la care au fost supuşi alţi copii în urma abuzului/neglijării din partea membrilor familiilor de origine, fapt ce face imposibilă încurajarea, realizarea şi dezvoltarea menţinerii legăturilor copiilor cu propriile lor familii de origine.

Cu privire la *participarea familiei naturale la evenimentele importante din viaţa copiilor,* se poate observa pentru majoritatea copiilor din cele două medii sociale substitutive o absenţă a participării membrilor familiilor naturale la evenimentele importante din viaţa propriilor lor copii, ceea ce va avea un impact major şi negativ asupra dezvoltării lor psiho-personale ulterioare, în condiţiile în care ei nu-şi pot cunoaşte propriile lor rădăcini familiale, dezvoltându-li-se astfel percepţia, conştiinţa şi sentimentul că de fapt nu aparţin nici unui grup familial autentic, lipsa identităţii şi apartenenţei naturale la un microgrup familial, percepţie ce şi-o vor internaliza şi dezvolta mult timp şi după încetarea măsurii de protecție, chiar dacă au beneficiat de-a lungul instituirii măsurii de protecție de modele familiale substitutive.

Legat de _nivelul de participare din plăcere la treburile casnico-gospodărești a copiilor în cele doua medii sociale substitutive_, se poate spune că majoritatea copiilor, mai ales cei din mediul familial-substitutiv, participă din plăcere la activitățile cu caracter casnico-gospodăresc, ceea ce înseamnă că li s-au imprimat și dezvoltat din partea adulților a.m.p. și a adulților angajați din centrele de plasament sentimentul, capacitatea și deprinderile autonome de participare și angajare a copiilor la toate treburile casnico-gospodărești alături de ceilalți membri ai microgrupului din care fac parte (curățenie, menaj, gătitul în bucătărie, mersul la cumpărături etc.).

Există însă și o categorie scăzută si nesemnificativă de copii, mai ales din mediul rezidențial-instituțional, cu o participare redusă și chiar deloc la activitățile casnico-gospodărești, ceea ce face să apară unele dificultăți, sincope, blocaje în jurul participării și angajării la treburile casnico-gospodărești a beneficiarilor, determinate fie de faza de debut a măsurii de plasament instituită pentru o parte dintre aceștia în cele două medii sociale și insuficienței timpului acordat dezvoltării și învățării deprinderilor autonome, independente de participare la activitățile casnico-gospodărești autentice, cum ar fi cazul copiilor proveniți din mediile familiale abuzive, fie de selecția, sustragerea sau refuzul, după caz, a participării la treburile casnico-gospodărești a altor copii în detrimentul desfășurării unor tipuri de activități extracasnice de natură parazitară și fără o utilitate pozitivă, apreciate de ei ca fiind mult mai apropiate plăcerilor, dorințelor și intereselor imediate ale acestora, cum e cazul unor copii din centrele de plasament, fapt ce ar putea conduce la dezechilibre şi relaţii sociale tensionate şi ostile între adulţii a.m.p., respectiv adulţii angajaţi din centrele de plasament şi această categorie de beneficiari.

Cu privire la *responsabilitatea principală a creşterii copilului*, rezultatele cercetării ne relevă că majoritatea copiilor din cele două medii sociale substitutive sunt conştienţi şi de acord cu importanţa şi rolul major al familiei în procesul de creştere, dezvoltare şi educare ale copilului, în detrimentul unei categorii de copii extrem de scăzute şi nesemnificative care atribuie responsabilitatea principală a creşterii şi dezvoltării copilului altor instituţii.

5.2. Pentru dimensiunea dezvoltării psihologice

Rezultatele cercetării ne ilustrează, cu privire la *nivelul sentimentului de singurătate, neînţelegere şi neajutorare a copiilor în cele două medii sociale*, că cei mai mulţi copii, mai ales cei din mediul familial-substitutiv, nu au sentimentul că sunt singuri, neînţeleşi şi neajutoraţi familial-instituţional de către adulţii a.m.p. şi personalul angajat din centrele de plasament, dimpotrivă, ne apar aici relaţii reciproce de simpatie, empatie, înţelegere, toleranţă, sprijin, încredere, deschidere şi disponibilitate spre comunicare, cooperare şi interacţiune psiho-afectiv-familială, spre deosebire de cealaltă categorie de copii scăzută şi nesemnificativă din cele două medii sociale substitutive, mai ales din cel rezidenţial-instituţional, în care apare un sentiment ridicat de singurătate, neînţelegere şi neajutorare din partea adulţilor a.m.p. şi a unei bune părţi a personalului angajat din mediul rezidenţial-instituţional, determinat cu precădere fie de timpul scurt de şedere a unor copii în cele două medii sociale şi neputinţa cristalizării şi dezvoltării sentimentului de socializare, expansivitate, și comuniune psiho-socio-familial-instituțională, cum ar fi cazul copiilor abuzați/neglijați, fie de neputința sau refuzul acceptării acomodării și adaptării la viața intrafamilial-instituțională a altor copii care au mai avut de a face cu alte medii familial-instituționale substitutive și a căror măsură de protecție instituită a fost modificată pentru aceștia, dezvoltându-li-se în atari condiții și mai mult sentimentul de prudențialitate, suspiciune, confuzie ți neîncredere în raport cu noul mediu social în care s-a dispus măsura de plasament, fiind astfel necesar din partea adulților a.m.p. și mai ales a personalul angajat din centrele de plasament un timp și efort suplimentar de concentrare, determinare și implicare activă asupra dezvoltării sentimentului de socializare, încredere, înțelegere, toleranță și deschidere spre comunicare și cooperare intrafamilial-instituțională a aceastei categorii de copii.

În legătură cu nivelul sentimentului de discriminare și neîndreptățire a copiilor de către adulții a.m.p. și personalul angajat al centrelor de plasament în raport cu proprii lor copii sau cu alți copii/tineri din mediul rezidențial-instituțional, datele cercetării ne arată că majoritatea copiilor din cele două medii sociale substitutive nu se simt discriminați și neîndreptățiți de adulții a.m.p. și personalul angajat din centrele de plasament în raport cu proprii lor copii, respectiv cu alți copii/tineri din mediul rezidențial-instituțional, dimpotrivă, se simt percepuți, apreciați și tratați similar de către adulții angajați fără ca aceștia din urmă să facă discriminări între copiii lor și ceilalți beneficiari, în comparație cu cealaltă categorie de copii destul de scăzută și nesemnificativă, în care ei se simt discriminați și neîndreptățiți de adulții a.m.p. și adulții angajați în raport cu proprii lor copii, respectiv cu alți copii/tineri din mediul rezidențial-instituțional, ca urmare fie a incapacității sau refuzului copiilor de a se acomoda și adapta la normele și regulile promovate și susținute în cele două medii sociale, fie a indiferenței, incapacității sau nedorinței adulților angajați de a înțelege ți empatiza cu problemele personale, dorințele, interesele și trebuințele acestor copii, tratându-i pe aceștia strict profesional, distant, oficial, fără o activitate cotidiană însoțită și de valențe afectiv-emoționale și socio-familiale, fapt ce conduce la un disconfort și un nivel crescut de insatisfacție psiho-socio-familial-institutională pentru această categorie minoră de copii.

Cu privire la nivelul sentimentului de iubire și apreciere a copiilor de către adulții a.m.p. și membrii familiilor acestora și personalul angajat al centrelor de plasament, rezultatele cercetării arată că pentru cei mai mulți copii, îndeosebi din mediul familial-substitutiv, nu sunt dificultăți asupra perceperii și modului de apreciere de către "părinții" lor sau ceilalți membri ai familiilor acestora, respectiv personalul angajat al centrelor de plasament, dimpotrivă, acești copii se simt iubiți, apreciați, valorizați și tratați pozitiv în cele două medii sociale substitutive, existând din partea adulților a.m.p. și a unei bune părți a adulților angajați din centrele de plasament o capacitate crescută de deschidere și disponibilitate spre toleranță, înțelegere, empatie, incluziune psihosocială și dezvoltare armonioasă a relațiilor intrafamilial-instituționale, spre deosebire de cealaltă categorie de copii, mai ales pentru cei din mediul rezidențial-instituțional, în care nu se simt suficient de mult și pe cât și-ar dori iubiți, apreciați și valorizați de către adulții a.m.p., îndeosebi, în cazul de față, de către adulţii angajaţi din centrele de plasament, ca urmare a faptului că, fie o parte din copii au venit târziu în cele două medii sociale substitutive iar adulţii a.m.p. şi, mai ales, personalul angajat din centre nu au avut timpul necesar cunoaşterii şi stabilirii de relaţii sociale cu aceştia, fiind nevoie de un timp mai îndelungat pentru acest proces de intercunoaştere şi interrelaţionare, fie unii copii nu au reuşit pe deplin să se adapteze şi să se acomodeze la viaţa de microgrup rezidenţialo-familial din care fac parte, încălcând disciplinar des normele şi regulile promovate şi stabilite, aducând după sine din partea adulţilor angajaţi oprobiul, refuzul şi intoleranţa de a înţelege ş empatiza cu problemele personale ale acestora, fie alţ copii cu probleme psiho-afective, psiho-omportamentale sunt introduşi în unele programe de recuperare şi reabilitare terapeutică, atrăgând după sine din partea adulţilor angajaţi o anumită doză de reticenţă, suspiciune, prudenţă, motivaţie intrinsecă foarte scăzută, indiferenţă şi lăsarea acestor copii în voia sorţii fără o implicare autentică şi dezirabilă în relaţii socio-afective cu aceştia.

În ceea ce priveşte _nivelul recunoaşterii vinei atunci când greşesc_, datele cercetării ne evidenţiază că pentru cei mai mulţi copii din cele doua medii sociale substitutive nu apar dificultăţi sau sincope de comunicare şi relaţionare psiho-afective între aceştia şi membrii familiilor a.m.p., respectiv personalul angajat al centrelor de plasament, ceea ce ne indică că între cele două părţi există o relaţie deschisă, de cooperare şi interacţiune psiho-socio-afectivă, de sinceritate, onestitate, respect, încredere, cordialitate, empatie, înţelegere, toleranţă, împăciuire, iertare, chiar şi atunci când ei greşesc şi reuşesc să-şi recunoască vina pentru orice faptă ori acţiune necugetată, copilărească, săvârşită fie în mediul familial-substitutiv, cel rezidenţial-instituţional şi şcolar, fie în comunitatea din care fac parte, şi nu sunt însoţite de sancţiuni disciplinar-fizice sau pecuniar-financiare, spre deosebire de cealaltă categorie de beneficiari, în care se poate constata dificultăţi de comunicare, cooperare şi interacţiune psiho-socio-afectivă cauzate de apariţia şi dezvoltarea sentimentului de teamă, frică, anxietate, debut de depresie, închidere în sine, nelinişte interioară, neîncredere în cei din jur, disconfort psiho-emoţional, insatisfacţie personală, pe fondul comiterii unor greşeli sau abateri de la normele şi regulile promovate şi susţinute fie în sânul familiilor de a.m.p., respectiv centrele de plasament, fie în comunitate sau şcoală, şi a neputinţei lor de a-şi recunoaşte parţial sau total vina datorită repercursiunilor unor măsuri de sancţionare disciplinar-fizice sau pecuniar-financiare ce ar putea fi luate de "părinţi" sau membri ai familiilor acestora, respectiv personalul angajat al centrelor de plasament a căror atitudini sau conduite de autoritate, aversiune, ostilitate, rigiditate, dominare, neîncredere şi netoleranţă socio-afectivă le manifestă în relaţia cu aceşti copii.

Aceste conduite şi atitudini ale adulţilor sunt deja anticipate, internalizate şi imprimate în subconştientul copiilor ca formă de autoprotecţie personală, ceea ce va avea un impact negativ asupra capacităţii lor de comunicare, sinceritate, onestitate, încredere, cooperare şi interacţiune socială corespunzătoare ulterioară, mai ales atunci când există riscul să li se poată dezvolta sindromul de mitomanie, şi când minciuna, fără a se ţine seama de efectele nocive pe termen mediu şi lung ale acesteia, poate deveni şi reprezenta un mod de viaţă ideal şi securizant pentru ei în viitor.

Privind nivelul de percepție a sentimentului tratamentului administrat asemănător al beneficiarilor în raport cu copiii adulților a.m.p. și a copiilor angajați din centrele de plasament, rezultatele cercetării ne pune în lumină că pentru majoritatea copiilor, mai ales a celor din mediul familial-substitutiv, nu sunt dificultăți de percepție a sentimentului de tratament diferențiat și discriminatoriu aplicat de adulții a.m.p., respectiv adulții angajați din centrele de plasament în raport cu proprii săi copii, dimpotrivă, acești copii se simt percepuți, considerați și tratați de către adulții din cele doua medii sociale asemănător propriilor lor copii, ceea ce denotă un nivel crescut de satisfacție personală, respect, încredere, toleranță reciprocă, confort psiho-afectiv, comunicare, cooperare și interacțiune psiho-socio-familială.

Și aceasta, spre deosebire de cealaltă categorie de beneficiari, mai ales pentru cei din mediul rezidențial-instituțional, în care se poate observa că nu au încă formată, dezvoltată sau cristalizată percepția și sentimentul tratamentului intrafamilial-instituțional asemănător cu copiii familiilor de a.m.p. sau a copiilor personalului angajat din centrele de plasament, determinat de faptul că, fie o parte dintre ei se află cu măsură de protecție în cele două medii sociale substitutive în faza de debut iar relațiile de comunicare, cooperare și tratament a acestora cu o parte dintre adulții a.m.p. și cei angajați în centrele de plasament nu sunt suficient de închegate și fără o încărcătură social-emotională și un atașament suficient de dezvoltat și cristalizat, care să le poată permite copiilor o anumită percepție, sentiment, părere, apreciere cu privire la diseminarea tratamentului diferențiat sau nondiferențiat manifestat de adulți în relația cu ei, comparativ cu copiii acestora, fie o parte a adulților nu doresc pur si simplu stabilirea și menținerea de contacte psiho-socio-afective între beneficiari și proprii lor copii, tocmai pentru a nu avea legătură cu obiectul lor de activitate și a poziției socio-profesionale pe care o au în raport cu aceștia, preferând astfel ca relațiile de comunicare și cooperare să aibă în general un caracter strict oficial, instituțional, distant și fără a-și implica proprii membri ai familiei în stabilirea relațiilor de comunicare și cooperare psiho-socio-afective cu beneficiarii, fie pentru alți copii, există relații tensionate și dizarmonice între aceștia și o parte a personalului adult ca urmare a existenței unor tulburări emoțional-comportamentale ale beneficiarilor dar și a incapacității, neputinței sau nedorinței adulților de a se implica în ameliorarea unor astfel de atitudini și conduite neadecvate.

Cu privire la nivelul sentimentului de furie internalizat și dezvoltat de copiii în raport cu nivelul de satisfacere a nevoilor și trebuințelor acestora din partea adulților a.m.p., recte, a personalului angajat din centrele de plasament, conform rezultatelor cercetării, ne indică pentru majoritatea copiilor, mai ales pentru cei din mediul familial-substitutiv, existența unei compatibilități crescute între nivelul de așteptare și acceptabilitate de satisfacere a nevoilor, cerințelor și trebuințelor acestei categorii de copii, și nivelul real de satisfacere a acestora, prin capacitatea crescută de înțelegere, toleranță, empatie, compasiune, împaciuire, iertare și atașament afectiv-emoțional manifestat de adulții a.m.p. și o parte a personalului angajat față de aceștia.

Nu același lucru îl putem spune despre cealaltă categorie de copii, îndeosebi pentru cei din mediul rezidențial-instituțional, unde apar dificultăți în jurul satisfacerii nevoilor si trebuințelor material-pecuniare, psiho-afective și socio-familial-instituționale, determinate, fie temporar de anumite lipsuri material-financiare și neputința satisfacerii acestor nevoi, adulții a.m.p., respectiv, adulții angajați din centrele de plasament apelând la instituirea unui anumit consum casnico-familial și administrativ-instituțional raționalizat pentru toți beneficiarii cu măsură de protecție din cele două medii sociale, fie de instituirea permanentă și regulată a unor sancțiuni disciplinar-comportamentale ca urmare a încălcării unor norme și reguli promovate și susținute în sânul celor două medii sociale, fie de administrarea acestor copii a unui tratament general psiho-socio-familial-instituțional discriminatoriu și diferențiat în relația cu ceilalți membri ai familiei, respectiv ceilalți beneficiari din centrul de plasament, ceea ce face să fie internalizat și dezvoltat la aceștia din urmă sentimentul furie, frustrare, nemulțumire, neliniște interioară, anxietate, tensiune interioară, impulsivitate, ostilitate, duritate, iritabilitate, nervozitate, disconfort afectiv-emoțional și chiar, după caz, agresivitate verbală în relația cu adulții a.m.p. și adulții angajați din centrele de plasament.

Din perspectiva nivelului sentimentului de deschidere, acceptare și apartenență ca membri ai celor două medii sociale substitutive manifestat de copii, și nivelul de disponibilitate, acceptare și incluziune psiho-socio-familial-instituțională manifestat de către adulții am.p., respectiv adulții angajați din centrele de plasament, datele cercetării arată că pentru majoritatea copiilor, cu predilecție pentru cei din mediul familial-substitutiv, existența unei compatibilități între creșterea și dezvoltarea sentimentului de deschidere, acceptare, disponibilitate și apartenenţă a acestei categorii de copii ca membri cu drepturi şi obligaţii depline la microgrupul familial substitutiv, respectiv microgrupul rezidenţial-instituţional pentru care s-a dispus instituirea măsurii de protecţie, şi nivelul crescut de deschidere, disponibilitate, acceptare, incluziune, încredere, empatie, înţelegere, toleranţă, înţelepciune, ataşament şi tratament psiho-afectiv şi socio-familial-instituţional nediferenţiat manifestat de adulţii a.m.p. şi adulţii angajaţi ai centrelor de plasament în relaţia cu această categorie de copii.

Nu de aceeaşi situaţie se poate vorbi despre cealaltă categorie de beneficiari, îndeosebi pentru cei din mediul rezidenţial-instituţional în care ne indică, dimpotrivă, pe de o parte, apariţia unor oscilaţii, variaţii, incertitudini, confuzii ale dezvoltării sentimentului de deschidere, acceptare şi apartenenţă la cele două medii sociale substitutive, iar pe de altă parte apariţia unor blocaje, sincope sau refuz al acceptării spre deschidere si apartenenţă la microgrupul familial-substitutiv, recte rezidenţial-instituţional din care fac parte, ca urmare a faptului că, fie unora dintre copii li s-a instituit pentru prima dată măsura de protecţie la o familie de a.m.p. sau la un centru de plasament şi timpul scurs de şedere a acestora nu a fost suficient pentru cristalizarea şi dezvoltarea sentimentului de apartenenţă la noul lor mediu familial sau rezidenţial-instituţional, fie o parte dintre aceştia au mai avut de a face cu un alt mediu familial-substitutiv sau instituţional-rezidenţial în care nu au reuşit să se acomodeze şi adapteze, preferând să adopte o atitudine de prudenţialitate, precauţie în relaţiile de comunicare şi cooperare cu ceilalţi membri ai familiilor de a.m.p., respectiv cu ceilalţi copii şi personalul angajat al centrelor de plasament ca urmare a incertitudinii şi

necristalizării depline a unor sentimente și opinii cu privire
la noul lor mediu de rezidență, chiar dacă din partea
adulților a.m.p. sau personalului angajat există totuși
disponibilitate spre deschidere comunicațional-relațională,
acceptare, incluziune, tratament psiho-afectiv și socio-
familial-instituțional nediferențiat în raport cu proprii săi
copii sau, cu alți copii din centrele de plasament și
satisfacerea nevoilor și trebuințelor acestora, fie o parte
dintre copii nu se simt cu adevărat membri ai familiilor de
a.m.p. sau ai centrului de plasament, conștientizând că, fiind
o masură de protecție temporară instituită, ignoră sau
refuză respectarea normelor și regulilor promovate și
susținute, precum și implicarea în viața social-familială sau
social-rezidențială, ceea ce face să apară inevitabil relații de
comunicare și cooperare reciproce tensionate, ostile, de
aversiune, nesatisfacerea tuturor nevoilor și trebuințelor,
tratament discriminatoriu practicat de adulții a.m.p. sau
personalul angajat ai centrelor de plasament în relația cu
aceștia.

    Legat de nivelul de percepție a sentimentului
tratamentului discriminatoriu sau diferențiat administrat
copiilor aflați în dificultate de către adulții a.m.p. în raport
cu proprii lor copii sau alte rude până la gradul IV inclusiv
și de adulții angajați din centrele de plasament în raport cu
alți copii/tineri, rezultatele cercetării ne relevă pentru
majoritatea copiilor din cele două medii sociale substitutive
existența unei compatibilități crescute între nivelul de
percepție a sentimentului de tratament nediferențiat și
nediscriminatoriu al copiilor, și nivelul crescut de respect,
încredere, toleranță, incluziune intrafamilială și rezidențial-
instituțională, confort psiho-afectiv, comunicare, cooperare
și interacțiune psiho-socio-familială venit din partea

adulţilor a.m.p. şi a unei bune părţi a personalului angajat din centrele de plasament.

Nu aceeaşi situaţie o observăm pentru categoria minoră şi nesemnificativă de beneficiari din cele două medii sociale substitutive, în care aceştia se simt discriminaţi în tratamentul psiho-socio-familial şi residenţial-instituţional de către adulţii a.m.p. în raport cu proprii lor copii sau alte rude până la gradul IV inclusiv, şi de către personalul angajat în raport cu alţi copii/tineri din centrele de plasament, cauzat de faptul că, fie o parte dintre ei se află la debutul instituirii măsurii de protecţie adoptate şi timpul scurt de şedere al lor nu a permis încă formarea, dezvoltarea sau cristalizarea percepţiei şi sentimentului tratamentului intrafamilial-instituţional aplicat de adulţii a.m.p. şi personalul angajat din centrele de plasament asemănător propriilor lor copii sau rudelor până la gradul IV inclusiv, fie pentru alţi copii există relaţii reciproce de comunicare, cooperare şi interacţiune tensionate şi dizarmonice ca urmare a existenţei unor tulburări emoţional-comportamentale ale beneficiarilor dar şi a incapacităţii, a neputinţei şi chiar a nedorinţei personalului adult de a ameliora astfel de atitudini şi conduite neadecvate, preferând mai curând să-i ignore şi să instituie un tratament discriminatoriu şi diferenţiat în raport cu ceilalţi membri ai familiei, respectiv cu ceilalţi copii/tineri din centrele de plasament.

Astfel, ipoteza enunţată potrivit căreia, ponderea percepţiei a sentimentului tratamentului discriminatoriu şi diferenţiat administrat copiilor este mai mare în mediul rezidenţial-instituţional, decât în mediul familial-substitutiv, - *se infirmă*.

Din punct de vedere al *considerării acceptării "casei" lor ca fiind locul domiciliului de convieţuire actual al copiilor*, datele cercetarii ne arată, îndeosebi pentru categoria copiilor din mediul familial-substitutiv, existenţa unei compatibilităţi între creşterea şi dezvoltarea nivelului de deschidere, acceptare, disponibilitate şi apartenenţă a acestei categorii de copii la microgrupul familial-substitutiv, respectiv microgrupul rezidenţial-instituţional, şi nivelul crescut de deschidere, disponibilitate, acceptare, incluziune, încredere, empatie, înţelegere, toleranţă, întelepciune, ataşament şi tratament psiho-afectiv şi socio-familial-instituţional nediferenţiat manifestat de adulţii a.m.p. şi adulţii angajaţi ai centrelor de plasament în relaţia cu această categorie de copii.

Nu aceeaşi situaţie o observăm la cealaltă categorie de beneficiari, cu precădere la copiii din mediul rezidenţial-instituţional, dimpotrivă, pe de o parte, asistăm la apariţia unor oscilaţii, variaţii, incertitudini, confuzii ale dezvoltării gradului de deschidere, acceptare şi apartenenţă la microgrupul familial-substitutiv, respectiv rezidenţial-instituţional actual al acestei categorii de copii, iar pe de altă parte apariţia unor blocaje, sincope sau refuz al acceptării spre deschidere şi apartenenţă la microgrupul familial-substitutiv, recte rezidenţial-instituţional din care fac parte, ca urmare a faptului că, fie unora dintre copii li s-a instituit pentru prima dată măsura de protecţie la o familie de a.m.p. sau la un centru de plasament şi timpul scurs de şedere a acestora nu a fost suficient pentru cristalizarea şi dezvoltarea opiniei cu privire la apartenenţa la noul lor mediu familial sau rezidenţial-instituţional, fie alţi copii au mai avut de a face cu un alt mediu familial-substitutiv sau instituţional-rezidenţial în care nu au reuşit să se acomodeze și adapteze, preferând în actualul mediu social substitutiv să adopte o atitudine de prudențialitate, precauție în relațiile de comunicare și cooperare cu ceilalți membri ai familiilor de a.m.p., respectiv cu ceilalți copii și personalul angajat al centrelor de plasament ca urmare a incertitudinii și necristalizării depline a unor sentimente și opinii cu privire la noul lor mediu de rezidență, chiar dacă din partea adulților a.m.p. sau personalului angajat din centrele de plasament există, totuși, disponibilitate spre deschidere comunicațional-relațională, acceptare, incluziune, tratament psiho-afectiv și socio-familial-instituțional nediferențiat în raport cu proprii săi copii sau cu alți copii din centrele de plasament și satisfacerea nevoilor și trebuințelor acestora, fie o parte dintre copii nu se simt cu adevărat membri ai familiilor de a.m.p. sau ai centrului de plasament, conștientizând că, fiind o măsură de protecție temporară instituită, ignoră sau refuză respectarea normelor și regulilor promovate și susținute, precum și implicarea în viața social-familială sau social-rezidențială, ceea ce face să apară inevitabil relații de comunicare și cooperare reciproce tensionate, ostile, de aversiune, nesatisfacerea tuturor nevoilor și trebuințelor, tratament discriminatoriu practicat de adulții a.m.p. sau personalul angajat din centrele de plasament în relația cu aceștia, însoțit de refuzul categoric de a considera locul în care domiciliază în prezent drept "casa" lor.

Cu privire la nivelul sentimentului de sprijin, ajutor al copiilor venit din partea adulților a.m.p. și a adulților angajați din centrele de plasament atunci când întâmpină dificultăți pentru a le depăși, rezultatele cercetării ne relevă la majoritatea copiilor din cele două medii sociale substitutive existența unei compatibilități între multitudinea dificultăților și problemelor personale pe care le întâmpină copiii în mediul familial-substitutiv și cel rezidențial-instituțional, și nivelul ridicat de deschidere, acceptare, înțelegere, toleranță, aplecare, sprijin, ajutor și implicare efectivă din partea membrilor familiilor de a.m.p. și a unei bune părți a personalului angajat din centrele de plasament în depășirea acestora.

Nu de aceeași situație se poate vorbi pentru categoria minoritară a copiilor din mediul familial-substitutiv și cel rezidențial-instituțional în care ne apare o anumită incompatibilitate între multitudinea dificultăților și problemelor personale pe care le întâmpină aceștia, și nivelul de deschidere, acceptare, înțelegere, toleranță, aplecare, sprijin, ajutor și implicare efectivă din partea membrilor familiilor de a.m.p. și a unei bune părți a personalului angajat din centrele de plasament în depășirea acestora. Dimpotrivă, avem de a face cu un ajutor, sprijin redus sau inexistent din partea membrilor familiilor de a.m.p. și a unei părți a personalului angajat din centre în depășirea dificultăților și problemelor întâmpinate de această categorie de copii, cauzate îndeosebi de instituirea unui tratament intrafamilial și intrainstituțional general discriminatoriu din partea adulților pe fondul, fie a anumitor lipsuri material-financiare temporare, fie a aplicării unor sancțiuni ca urmare a încălcării anumitor reguli și norme promovate și susținute în cele doua medii sociale substitutive, fie ca urmare a unor tulburări de comportament și de personalitate ale unor copii, prin care adulții preferă să manifeste indolență, indiferență sau refuz în raport cu implicarea lor în vederea depășirii dificultăților pe care le întâmpină copiii în viața social-familial-instituțional-cotidiană etc., ceea ce face să creasca nivelul de nemulțumire interioară, anxietate, frustrare, furie, iritabilitate, nervozitate, însoțit de un climat psiho-socio-familial-instituțional reciproc tensionat și ostil.

În legatură cu *nivelul satisfacerii nevoilor și trebuințelor specifice vârstei copiilor în familiile de a.m.p. și în centrele de plasament,* datele cercetării ne arată pentru majoritatea copiilor din cele două medii sociale substitutive, mai ales pentru cel familial-substitutiv, că avem de-a face cu o compatibilitate crescută între nivelul de așteptare a satisfacerii tuturor nevoilor, cerințelor și trebuințelor copiilor, și nivelul crescut de realizare și satisfacere a acestora din partea adulților a.m.p. ți a unei părți a personalului angajat din centrele de plasament, prin capacitatea de deschidere, disponibilitate, înțelegere, toleranță, empatie, încredere, compasiune, împăciuire, iertare și atașament afectiv-emoțional manifestat față de această categorie de copii.

Nu același lucru îl putem afirma despre cealaltă categorie minoritară și nesemnificativă de copii, mai ales din mediul rezidențial-instituțional în care se constată apariția unor dificultăți în jurul satisfacerii nevoilor și trebuințelor material-pecuniare, psiho-afective și socio-familial-instituționale, determinate, fie temporar de anumite lipsuri material-financiare și neputința satisfacerii acestor nevoi, fie de instituirea permanentă și constanta a unor sancțiuni disciplinar-comportamentale ca urmare a încălcării unor norme și reguli promovate și susținute în familie de adulții a.m.p. și de personalul angajat în centrele de plasament, fie de administrarea acestor copii a unui tratament general socio-familial-instituțional și psiho-afectiv discriminatoriu și diferențiat în relația cu ceilalți membri ai familiei, respectiv ceilalți beneficiari din centrul de plasament, ceea ce face să fie internalizat și dezvoltat la aceștia sentimentul de furie, anxietate, frustrare, nemulțumire, neliniște și tensiune interioară, impulsivitate, ostilitate, duritate, iritabilitate, nervozitate, disconfort afectiv-emoțional și chiar, după caz, agresivitate verbală în relația cu adulții a.m.p. și adulții angajați din centrele de plasament.

Din punct de vedere al *conflictelor ce au loc între beneficiari și membrii familiilor de a.m.p. sau membrii centrului de plasament,* rezultatele cercetării ne evidențiază pentru majoritatea copiilor, mai ales pentru cei din mediul substitutiv-familial, existența, pe ansamblu, a unor relații de deschidere către comunicare și cooperare interumană, acceptare, încredere, simpatie, înțelegere, toleranță, armonie, respect, sprijin și ajutor reciproc, însoțite de toate formele de atașament afectiv-emoțional, chiar dacă, pe alocuri, se întrevăd și unele relații tensionate trecătoare, rare și foarte rare inerente și cotidiene între această categorie de copii și membrii angajați din cele două medii sociale substitutive.

Nu aceeași situație o întâlnim pentru cealaltă categorie de copii, îndeosebi pentru cei din mediul rezidențial-instituțional, în care se poate constata existența unei legături indisolubile între nivelul crescut, repetat, regulat și voluntar/involuntar de încălcare a normelor și regulilor promovate în cele două medii sociale de către acești copii ca urmare a existenței anumitor tulburări sau destructurări afectiv-emoționale și de personalitate imprimate de-a lungul timpului, și nivelul crescut de adoptare a unor măsuri de sancționare coercitiv-disciplinar-comportamentale și discriminatorii pe fondul unui sistem de valori și norme intrafamilial-instituțional închistat, închis, învechit, neracordat la noile realități, exigențe și cerințe specifice actuale perioadei pe care o traversăm, de rigiditate, autoritate, ostilitate și aversiune, lipsit de înțelegere, suport și atașament afectiv-emoțional promovat și susținut încă de o parte a adulților a.m.p. și mai ales a personalului angajat din centrele de plasament în relația cu această categorie de copii.

Cu privire la *impresiile beneficiarilor față de adulții a.m.p. și personalul angajat al centrelor de plasament,* datele cercetării ne relevă că majoritatea copiilor din cele două medii sociale substitutive au o impresie bună despre adulții a.m.p. și personalul angajat din centrele de plasament, ceea ce ne arată ca această categorie de copii au formată și dezvoltată capacitatea perceptiv-reprezentativă și cognitiv-intelectuală și socială care se ridică la nivelul de așteptare și de mulțumire în raport cu multitudinea trebuințelor, nevoilor, cerințelor și intereselor specifice ce sunt satisfacute pe deplin în cele două medii sociale substitutive de către adulții a.m.p. și o mare parte a personalului angajat al centrelor de plasament.

Există însă și o categorie de copii minoritară și nesemnificativă, mai ales din mediul rezidențial-instituțional, care nu are încă formată și consolidată acel set pozitiv de percepții și reprezentări cognitiv-intelectuale și sociale asupra adulților a.m.p. și a celor din centrele de plasament, dimpotrivă, distorsiunile și disonanțele perceptivo-cognitiv-sociale existente ne ilustrează că între cele două părți există relații de comunicare și cooperare tensionate, ostile, de aversiune reciprocă, fapt ce conduce la nesatisfacerea repertoriului de trebuințe, nevoi și cerințe specifice din partea adulților angajati ai celor două medii sociale substitutive.

În legătură cu *impresiile beneficiarilor față de copiii adulților a.m.p., și respectiv față de ceilalți copii/tineri din centrele de plasament*, rezultatele cercetării ne arată că cei mai mulți copii au o impresie bună despre copiii familiilor de a.m.p., respectiv ceilalți copii/tineri din centrele de plasament, ceea ce înseamnă că între cele două părți s-a reușit din partea adulților a.m.p. și a unei bune părți a personalului angajat din centrele de plasament de-a lungul timpului formarea și consolidarea unui set de percepții și reprezentări cognitiv-intelectuale și sociale consonante și pozitive ce dau naștere la dezvoltarea reciprocă a unor relații de comunicare, intercunoaștere, cooperare, acceptare, încredere, socializare, accentul fiind pus preponderent pe administrarea unui tratament psiho-socio-familial-instituțional nediscriminatoriu si nediferentiat între categoriile de copii amintite.

Există însa și o categorie de copii minoritară și nesemnificativă, mai ales din mediul rezidențial-instituțional, ce au imprimate anumite distorsiuni, destructurări sau disonanțe perceptiv- reprezentative și cognitiv-intelectuale și sociale, determinate cu precădere de un tratament discriminatoriu și diferențiat venit din partea adulților a.m.p. și, îndeosebi, a unei părți a personalului angajat din centrele de plasament, ce dau naștere la dificultăți de comunicare, cooperare, intercunoaștere, socializare, încredere în relația cu cei din jur.

Din perspectiva existenței unei persoane adulte de încredere în care să comunice copiii orice problemă mai intimă sau sensibilă care-i frământă din cele două medii sociale substitutive, datele cercetării arată că majoritatea copiilor au o persoana de încredere în care să comunice orice problemă intimă ce-i frământă, ceea ce înseamnă că de-a lungul adoptării măsurii de protecție în cele două medii sociale, între beneficiarii în cauză și persoanele adulte sau membrii familiilor de a.m.p., respectiv adulții angajați sau alți copii/tineri ai centrelor de plasament, s-a reușit în bună măsură stabilirea, menținerea, cimentarea sau sudarea anumitor relații psiho-socio-familial-instituționale, fapt ce le-a permis copiilor, în paralel, și selectarea unei persoane anume din cele două medii sociale în care relațiile de deschidere, comunicare și cooperare interumană reciprocă să reprezinte pentru ei mai mult decât atât, și anume stabilirea și menținerea unor relații de încredere, prietenie și confidențialitate de lungă durată, astfel încât beneficiarii să aibă posibilitatea să comunice nu doar problemele mai sensibile care-i frământă, dar să și aibă posibilitatea ca pentru ei persoanele confidente, prietene selectate să reprezinte în mod practic un model referențial de raportare comportamentală și atitudinală ulterioară.

Există însă și o categorie de copii scăzută și nereprezentativă care nu au o persoană în care să aibă încredere în a-i comunica orice problemă ce-i frământă, ceea ce ne indică pentru aceștia că nu și-au selectat încă vreo persoană confidentă, de încredere în care să comunice orice problemă ce-i frământă în cele două medii sociale, fiind mai rezervați, prudenți, precauți în procesul de comunicare și cooperare interumană, determinat, fie de timpul prea scurt de ședere a lor in mediile sociale în cauză și a neputinței cristalizării și identificării unor persoane în care să poată avea încredere de a comunica orice, fie există deja dezvoltate relații tensionate, ostile și de aversiune între unii dintre ei și ceilalți membri ai microgrupului din care fac parte, aflandu-se în această situație în stare de excluziune, marginalizare și izolare psiho-socio-familial-instituțională sau, dimpotrivă, pe fundalul dezvoltării unor conduite de suspiciune, precauție, prudență, de automarginalizare, autoexcludere și autoizolare psiho-socio-familial-instituțională.

Cu privire la anumite *stări de nemulțumire resimțite de copii în cele două medii sociale substitutive*, rezultatele cercetării ne arată existența unor diferențe ale acestora care variază ca pondere de la un mediu social substitutiv la altul.

Astfel, în privința condițiilor materiale există un procent foarte scăzut și nesemnificativ de copii din cele două medii sociale care s-au exprimat în acest sens, ceea ce ne arată că aceștia se simt nemulțumiți, frustrați și supărați de anumite lipsuri ale condițiilor materiale ce nu permit satisfacerea în totalitate a trebuințelor și nevoilor material-financiare așteptate, determinate cu precădere de insuficiența unor condiții material-financiare existente la un moment dat și de instituirea temporară a unui anumit consum casnico-administrativ și pecuniar rationalizat din partea adulților a.m.p. sau a unei părți a personalului angajat din centrele de plasament.

În ceea ce privește atmosfera din mediul intra familial-instituțional substitutiv, de asemenea, există un procent scăzut și nesemnificativ de copii din cele două medii sociale substitutive care s-au exprimat în acest sens, ceea ce înseamna că această categorie de copii se simte nemulțumită și frustrată de atmosfera din cele doua medii sociale substitutive, mai ales cei din mediul rezidențial-instituțional, ce îngreunează sau împiedică satisfacerea trebuințelor și nevoilor afectiv-emoționale, generate de existența, fie a unor relații interumane tensionate, de aversiune și ostilitate, fie de administrarea de către unii adulți a.m.p. și alți angajați ai centrelor de plasament a unui tratament diferenţiat şi discriminatoriu în raport cu ceilalţi membri ai familiei a.m.p., respectiv cu alţi copii/tineri din mediul rezidenţial-instituţional.

În legătură cu anumite restricţii impuse (ROF), la fel, există un procent scăzut şi nereprezentativ care s-a exprimat în această direcţie, ceea ce ne arată că nemulţumirile şi frustrările resimţite de această categorie de copii sunt cauzate de încălcarea anumitor reguli şi norme promovate şi susţinute în cele două medii sociale substitutive, şi nivelul scăzut de înţelegere, toleranţă, iertare, îngăduinţă, care insoteste sancţionarea material-financiară, afectiv-emoţională şi disciplinar-comportamentală a acestor abateri de către adulţii a.m.p. şi personalul angajat din centrele de plasament.

Cel mai mare procent de copii din cele două medii sociale substitutive, cu semnificaţie şi reprezentare statistico-comparativă, mai ales din cel familial-substitutiv, s-a exprimat pentru opţiunea că nu-i nemulţumeşte nimic, ceea ce denotă existenţa unei compatibilităţi crescute între nivelul de aşteptare şi mulţumire personală a copiilor, şi nivelul de satisfacere a tuturor trebuinţelor şi nevoilor material-financiare, afectiv-emoţionale şi intrafamilial-social-instituţionale de către adulţii a.m.p. şi personalul angajat al centrelor de plasament.

Privitor la aşteptările adulţilor a.m.p. sau membrilor familiilor acestora şi adulţilor angajaţi ai centrelor de plasament pe care le au faţă de beneficiari, datele cercetării ne indică că majoritatea copiilor, îndeosebi cei din mediul familial-substitutiv, răspund pozitiv şi total aşteptărilor formulate de adulţii a.m.p. şi personalul angajat ai centrelor de plasament, făcând astfel posibilă existenţa în sânul celor două medii sociale substitutive a unui climat comunicațional și relațional de armonie, respect, încredere, cumpătare, supunere, împăciuire, responsabilitate, maturitate și toleranță reciprocă, însoțit de un proces de conviețuire psiho-socio-familial-instituțională normal și dezirabil între adulții a.m.p., recte personalul angajat al centrelor de plasament și această categorie de copii.

Mai există și o categorie de copii din mediul familial-substitutiv și rezidențial-instituțional care răspund pozitiv doar parțial așteptărilor adulților a.m.p. și a adulților angajați din centrele de plasament, cu semnificație mai ales pentru categoria copiilor institutionalizați, determinate cu precădere de anumite cerințe, sarcini, tipuri de activități intrafamilial-instituționale și sociale relativ exagerate la un moment dat așteptate de adulții angajați și peste măsura posibilităților psihoindividuale ale copiilor, ceea ce face ca pe fundalul dezamăgirilor și frustrărilor personal-afective reciproce acumulate, să apară inevitabil și unele sincope, blocaje de comunicare și cooperare interumană și să nu existe întotdeauna un climat psiho-socio-familial-instituțional corespunzător care să permită o dezvoltare armonioasă și plenară a acestei categorii de copii.

O altă categorie de copii destul de scăzută și nesemnificativă din cele două medii sociale substitutive nu reușește să raspundă pozitiv așteptărilor adulților a.m.p. și a celor angajați în centrele de plasament, generat, fie de o serie de cerințe și activități exagerate așteptate ce nu pot fi realizate de acești copii ca urmare a existenței unor însușiri psihoindividuale de natură patologică și a neputinței lor de a se acomoda și adapta intra-familial-instituțional, fie de refuzul manifest și explicit al altor copii de a se conforma normelor, cerințelor și regulilor intrafamilial-instituționale promovate și sustinute în cele doua medii sociale, conducând astfel la comportamente atipice, anormale, deviante, cu caracter predelicvențional ce devin din partea adulților a.m.p. și a personalului angajat din centre ținta adoptării unor sancțiuni disciplinar-comportamentale și administrarea unui tratament discriminatoriu și diferențiat în raport cu ceilalți membri ai microgrupurilor din care acești copii fac parte.

5.3. Pentru dimensiunea dezvoltării sociale

Rezultatele cercetării ne relevă, cu privire la *reușita sudării de relații sociale cu alți copii,* că majoritatea copiilor din cele doua medii sociale substitutive reușesc să sudeze relații sociale cu alți copii, ceea ce ne arată existența unui nivel și o capacitate foarte crescută de expansivitate socială, extraversiune, deschidere, disponibilitate către relații de comunicare, intercunoaștere, interacțiune și cooperare socială cu alți copii, fapt ce va facilita procesul de socializare, acomodare, adaptare și integrare a copiilor în rețeaua relațiilor sociale ulterioare.

Există și o categorie minoră și nereprezentativă de copii, mai ales din mediul rezidențial-instituțional, care nu reușește sudarea relațiilor sociale cu alți copii, ceea ce ne indică existența unui nivel crescut de introversiune, închidere în sine, solitudine, slabă deschidere și disponibilitate spre comunicare, intercunoaștere, interacțiune și cooperare socială, izolare/autoizolare sau marginalizare/automarginalizare socială, fapt ce conduce la îngreunarea procesului de socializare, acomodare, adaptare și integrare a acestei categorii de copii în rețeaua relațiilor sociale ulterioare.

În legătură cu *amploarea, intensitatea şi rapiditatea sudării de relaţii de prietenie cu cei din jur*, rezultatele cercetării ne indică pentru majoritatea copiilor din cele două medii sociale substitutive, mai ales pentru cei din mediul familial-substitutiv, că dispun de un nivel foarte crescut de expansivitate, extraversiune, deschidere, disponibilitate socială, ce le permit cu uşurinta formarea, închegarea, dezvoltarea, stabilirea şi menţinerea relaţiilor sociale de comunicare, intercunoaştere şi interacţiune socio-umană cu cei din jur.

Există însă şi o categorie de copii, nesemnificativă statistic-comparativ, îndeosebi din mediul rezidenţial-instituţional, care au, fie un nivel moderat şi ridicat de introversiune, închidere în sine, precauţie, confuzie şi o anumită teama în dezvoltarea şi stabilirea relaţiilor de comunicare şi cooperare socio-umană cu cei din jur, fie alţii se află într-o situaţie de izolare, marginalizare sau excluziune socială din motive imputabile lor sau, dimpotrivă, intr-o situaţie de autoizolare, autoexcluziune socială, fapt ce va îngreuna pe parcursul timpului procesul de socializare, acomodare şi adaptare sociala a acestora.

Cu privire la *frecvenţa şi numărul prietenilor din jurul lor*, datele cercetării ne ilustrează pentru majoritatea copiilor din cele două medii sociale substitutive, mai ales pentru cei din mediul familial-substitutiv, existenţa unei compatibilităţi foarte ridicate între nivelul de expansivitate, extraversiune, deschidere, disponibilitate socială, şi nivelul de facilitate şi permisivitate a capacităţii de formare, dezvoltare, stabilire şi menţinere a relaţiilor afectiv-simpatetice şi sociale de comunicare, intercunoaştere şi interacţiune socio-umană cu cei din jur.

Există însă și o categorie de copii, nesemnificativă statistico-comparativ, mai ales din mediul rezidențial-instituțional, care au, fie un nivel moderat și ridicat de introversiune, închidere în sine, precauție și o anumită teama în dezvoltarea și stabilirea relațiilor de comunicare și cooperare socio-umană cu cei din jur, prevalând o anumită selectivitate și stabilitate afectiv-simpatetică a relațiilor sociale cu cei din jur cu care deja s-au împrietenit, fie se află într-o situație de izolare, marginalizare sau excluziune socială din motive imputabile lor sau, dimpotrivă, într-o situație de autoizolare, autoexcluziune socială, ceea ce nu face decât să le fie îngreunat pe parcursul timpului procesul de socializare, acomodare și adaptare sociala.

În ceea ce privește *reușita stabilirii selecției relațiilor de prietenie cu cei din jur*, se poate afirma pentru categoriile de copii din cele două medii sociale substitutive că există o varietate a opțiunilor exprimate pentru relații sociale cu alți copii din cartier/vecinătate, școală sau alți copii ai "părinților" sau rudelor acestora, respectiv copiii personalului angajat din centrele de plasament sau rudelor acestora, predominând relațiile sociale cu alți copii din școală, în detrimentul celorlalți copii din cartier/vecinătate sau copiii "părinților" sau rudelor acestora, respectiv, copiii personalului angajat din centrele de plasament sau rudelor acestora, ceea ce înseamnă că, indiferent de interesele, cerințele și nevoile sociale ale acestor copii prin opțiunile și preferințele exprimate pentru relații sociale afectiv-simpatetice de prietenie cu unii sau cu alții, dispun în general de un grad crescut de extraversiune, expansivitate, deschidere și disponibilitate către relații de comunicare și cooperare socio-umană.

Cu privire la *frecvența participării la evenimentele festive organizate de comunitate,* putem spune pentru majoritatea copiilor din cele două medii sociale substitutive că există o compatibilitate crescută între nivelul de deschidere, disponibilitate, acceptare, interes, curiozitate și participare către toate evenimentele sociale care au loc în comunitatea din care fac parte, și nivelul de preocupare și implicare al adulților a.m.p. și a personalului angajat al centrelor de plasament de a le alimenta interesul și de a-i introduce și socializa cu registrul evenimentelor sociale festive ce au loc în comunitate, ca factor de progres și dezirabil în procesul de socializare, acomodare și adaptare socială a acestei categorii de copii.

Există însă și o categorie de copii, nesemnificativă statistico-comparativ, din cele doua medii sociale substitutive, care fie au nivel moderat și, după caz, scăzut de deschidere, acceptare, interes și disponibilitate către evenimentele festive organizate în sânul comunității din care fac parte, optând selectiv pentru participarea la astfel de evenimente sociale, fie pur și simplu nu doresc să aibă de a face cu un mediu social mai larg decât cel strict intrafamilial-instituțional ca urmare a unui nivel crescut de introversiune, închidere în sine, solitudine, fie nu există o preocupare, interes și implicare din partea adulților a.m.p. și a celor angajați din centrele de plasament de a le dezvolta și imprima sentimentul de comuniune socială, ca formă de indiferență, indolență sau sancționare disciplinar-comportamentală și discriminatorie a acestora în raport cu ceilalți membri.

Legat de *frecvența deplasării și participării la evenimentele spiritual-religioase organizate în cadrul bisericii,* se poate afirma pentru cele două categorii de copii, mai ales pentru cei din mediul substitutiv-familial, că există o compatibilitate crescută între nivelul de deschidere, disponibilitate, acceptare, interes, curiozitate, pioşenie, credinţă religioasă şi participare către toate evenimentele spiritual-religioase organizate în cadrul bisericii, indiferent de orientările confesional-religioase îmbrăţişate, şi nivelul de preocupare şi implicare al adulţilor a.m.p. şi a unei părţi a personalului angajat al centrelor de plasament de a le alimenta şi cultiva dorinţa şi interesul pentru participarea la astfel de manifestări şi evenimente cu caracter spiritual-religios, având un impact pozitiv şi dezirabil asupra cunoaşterii şi înţelegerii mai profunde a vieţii social-cotidiene şi din perspectivă spiritual-religioasă a acestei categorii de copii.

Dar există şi o categorie însemnată de copii, mai ales din mediul rezidenţial-instituţional, care, fie au nivel moderat şi, după caz, scăzut de deschidere, acceptare, interes, curiozitate, pioşenie, credinţă religioasă, disponibilitate şi participare către evenimentele spiritual-religioase organizate în cadrul bisericii, optând doar selectiv şi din când în când pentru participarea la astfel de evenimente şi manifestări cu caracter spiritual-religios, fie nu participă deloc la astfel de manifestări spiritual-religioase organizate de biserică, fie pur şi simplu nu există o preocupare, interes şi implicare din partea adulţilor a.m.p. şi, mai ales, a celor angajaţi din centrele de plasament de a le dezvolta, cultiva şi imprima sentimentul şi dorinţa de comuniune spiritual-religioasă, fiindu-le astfel îngreunat procesul de cunoaştere şi înţelegere mai profundă a vieţii social-cotidiene din perspectiva învăţămintelor spiritual-religioase ce au loc în biserică al acestor copii.

Astfel, ipoteza enunţată conform căreia, ponderea participării la evenimente spiritual-religioase organizate de biserică este mai mare la copiii din mediul familial-substitutiv, decât la copiii din mediul rezidenţial-instituţional - *se confirmă*.

5.4. Pentru dimensiunea dezvoltării şcolar-educaţionale

Rezultatele cercetării ne evidenţiază cu privire la *părerea lor despre şcoală*, că majoritatea copiilor din cele două medii sociale substitutive au o percepţie, reprezentare şi opinie corectă, reală, favorabilă, pozitivă, şi cunoştinţe despre noţiunea de şcoală, fiind familiarizaţi cu cerinţele, standardele şi avantajele pe termen scurt, mediu şi lung pe care le presupune repertoriul de activităţi didactice şi extradidactice din mediul şcolar în care sunt integraţi.

Există însă şi o categorie de copii, nesemnificativă din punct de vedere statistico-comparativ, mai ales din mediul rezidenţial-instituţional, care, deşi au cunoştinţe şi sunt familiarizaţi cu noţiunea de şcoală, totuşi, au o percepţie, reprezentare şi opinie contrară şi distorsionată majorităţii celorlalţi copii, respectiv negativă şi proastă despre mediul şcolar, aflându-se în imposibilitatea sau, după caz, refuzând în mod voit să raspundă registrului de cerinţe şi sarcini şcolare şi extraşcolare din mediul de învăţământ în care sunt integraţi.

Privitor la *frecvenţa de participare şcolară*, se poate afirma pentru majoritatea copiilor din cele două medii sociale substitutive ca, indiferent de calitatea, performanţele sau rezultatele şcolare obţinute, frecvenţa sau rata participării la actul instructiv-educativ din mediul şcolar din care fac parte este foarte ridicată, cu impact pozitiv asupra procesului de acomodare și adaptare la programa școlară specifică învățământului de masă.

Există și o categorie de copii, nesemnificativă din perspectivă statistico-comparativă, mai ales din mediul-rezidențial-instituțional, cu o rată scăzută sau deloc de participare și implicare la actul instructiv-educativ în mediul școlar în care au fost integrați, existând reale premise de creștere a absenteismului școlar și, după, caz, chiar a abandonului școlar.

Astfel, ipoteza enunțată conform căreia, ponderea frecventării cursurilor școlare este mai crescută în rândul copiilor din mediul familial-substitutiv, decât în rândul copiilor din mediul rezidențial-instituțional, - *se infirmă*.

Cu privire la *reacția "părinților", respectiv a personalului angajat din centrele de plasament față de rezultatele școlare scăzute*, datele cercetării ne ilustrează pentru majoritatea copiilor din cele două medii sociale substitutive o preocupare, dorință și un interes foarte crescut și constant al adulților a.m.p. și a personalului angajat din centrele de plasament pentru obținerea de performanțe sau rezultate școlare ridicate, corespunzătoare standardelor prevăzute în programa școlară specifică ciclului școlar din care fac parte aceștia, însoțit de o comunicare, colaborare și relaționare optimă și permanentă cu personalul didactic al școlilor unde își desfășoară procesul instructiv-educativ acești copii.

Există și o categorie de copii din cele două medii sociale substitutive, nereprezentativă din punct de vedere statistico-comparativ, cu o preocupare, dorință și un interes foarte scăzut și, după caz, o atitudine de indiferență sau apatie venită din partea unor adulți a.m.p. și a unei părți a personalului angajat din centrele de plasament pentru obținerea de performanțe sau rezultate școlare ridicate, corespunzătoare standardelor prevăzute în programa şcolară specifică ciclului şcolar din care fac parte aceştia, însoţit de o serie de disfuncţionalităţi de comunicare, colaborare şi relaţionare cu personalul didactic al şcolilor unde îşi desfăşoară procesul instructiv-educativ aceşti copii.

În legătură cu *nivelul sprijinului de către adulţii a.m.p. şi a personalului angajat ai centrelor de plasament în efectuarea temelor şcolare*, rezultatele cercetării au evidenţiat pentru majoritatea copiilor din cele două medii sociale substitutive, îndeosebi pentru copiii din mediul familial-substitutiv, un interes şi o preocupare majoră şi constantă a adulţilor a.mp. şi personalului angajat ai centrelor de plasament de a-i ajuta, în măsura posibilităţilor şi a nivelului lor de instrucţie, pe copii în vederea efectuării temelor şcolare date pentru acasă de către cadrele didactice din mediul şcolar, cu efecte dezirabile şi pozitive asupra actului şi a traiectoriei instructiv-educative şi a procesului de acomodare şi adaptare şcolară ulterioară a acestei categorii de copii.

Totusi, există şi o categorie de copii, nesemnificativă statistico-comparativ, mai ales din mediul rezidenţial-instituţional, ce nu sunt sprijiniţi în efectuarea temelor şcolare date pentru acasă, cauzate, fie de existenţa în rândul adulţilor a.m.p. a unui nivel slab de instrucţie şcolară şi neputinţa de a face faţă pentru a-i sprijini în vederea realizării temelor şcolare cu un grad ridicat de dificultate date pentru acasa de către corpul didactic din mediul şcolar în care copiii îşi desfăşoară activitatea instrucţională, fie a indiferenţei sau a refuzului manifestat de o parte a personalului angajat din centrele de plasament în raport cu sprijinul ce ar trebuie acordat faţă de unele teme şcolare complexe, cu nivel crescut de dificultate date pentru realizarea lor acasă, fiind ca atare neinteresați de sprijinirea în traiectoria lor școlar-educațională.

Cu privire la *nivelul de perseverență și conștiinciozitate față de sarcinile școlare*, rezultatele cercetării ne relevă pentru cei mai mulți copii din cele două medii sociale substitutive, mai ales pentru cei din mediul substitutiv-familial, ca au dezvoltată încrederea și stima de sine, dispunând de capacități cognitiv-intelectuale primare și secundare suficient de dezvoltate și de un interes crescut și un nivel de motivație ridicat pentru a răspunde și a face față fara dificultăți sarcinilor școlare prevăzute în programa școlară din instituțiile de învățământ în care îsi desfășoară activitatea instrucțională.

Dar există și o categorie de copii, nesemnificativă statistico-comparativ, din cele două medii sociale substitutive, cu precădere din mediul rezidențial-instituțional, care nu au suficient de dezvoltată încrederea și stima de sine, nivelul de interes și motivație, capacitățile cognitiv-intelectuale primare și secundare care să le permită a face față cu succes sarcinilor școlare din învățământul de masă, ca urmare a neadaptării programei școlare potrivit nivelului și potențialului cognitiv-intelectual al acestora din școala de masă unde îsi desfășoară activitatea instrucțională, existând reale premise ale îngreunării procesului instructiv-educativ ulterior prin creșterea ratei fenomenului de repetenție și chiar a abandonului școlar în rândul acestei categorii de copii.

Din perspectiva *nivelului de atractivitate al disciplinelor școlare,* datele cercetării ne ilustrează o varietate a atractivității copiilor, ca pondere a distribuției răspunsurilor, pentru disciplinele școlare din învățământul de masă, respectiv din domeniul științelor socio-umane, domeniul ştiinţelor exacte, domeniul artistic, domeniul arte-meserii, domeniul disciplinelor sportive şi nici unul, ceea ce înseamnă ca, indiferent de diversitatea opţiunilor atractivităţii exprimate pentru un domeniu şcolar sau altul, se poate afirma că aceasta presupune din partea adulţilor a.m.p. şi a personalului angajat din centrele de plasament, în colaborare cu personalul didactic din învăţământul de masă unde îşi desfăşoară activitatea instrucţională, un accent sporit şi concertat către demersuri de evaluare psiho-şcolară şi orientare vocaţional-aptitudinală adecvată care să permită excelarea şi valorizarea reală a predispoziţiilor, înclinaţiilor, abilităţilor, capacităţilor şi aptitudinilor personale în acele domenii de activitate pentru care şi-au optat deja atractivitatea şi interesul pentru un anume domeniu şcolar, ca factor de optimizare şi progres a procesului de integrare vocaţional-profesională a acestor copii.

Există însă şi o categorie nesemnificativă de copii, mai ales din mediul rezidenţial-instituţional, care încă nu au formată, dezvoltată şi cristalizată vreo opţiune de atractivitate într-un anume domeniu şcolar care să le poată permite o previziune în ceea ce priveşte orientarea vocaţional-profesională ulterioară a acestora.

Cu privire la *nivelul de autopercepţie socio-şcolară în relaţia cu cadrele didactice din şcoală,* se poate spune pentru majoritatea copiilor din cele două medii sociale substitutive că există, pe ansamblu, relaţii afectiv-simpatetice de deschidere, acceptare, disponibilitate, încredere, comunicare, cooperare şi interacţiune socio-şcolară pozitive şi dezirabile cu cadrele didactice din şcoala de masă unde îşi desfăşoară activitatea instrucţională.

Există şi o categorie de copii, nereprezentativă statistico-comparativ, cu preponderenţă din mediul rezidențial-instituțional, în care există relații afectiv-simpatetice destructurate, negative, de respingere, rejectare, neîncredere, necomunicare, de aversiune, ostilitate, necooperare și non-interacțiune socio-școlară normală cu cadrele didactice din școala de masă unde își desfășoară activitatea instrucțională, fapt ce va îngreuna procesul instructiv-educativ al acestei categorii de copii.

În legătură cu *nivelul de autopercepție socio-școlară în relația cu ceilalți colegi de școală,* putem afirma pentru majoritatea copiilor din cele două medii sociale substitutive că există relații afectiv-simpatetice pozitive, de deschidere, acceptare, disponibilitate, încredere, comunicare, cooperare și interacțiune socio-școlară cu ceilalți colegi din școala de masă unde își desfășoară activitatea instrucțională.

Dar există și o categorie de copii, nesemnificativă statistico-comparativ, mai ales din mediul rezidențial-instituțional, a căror relații afectiv-simpatetice sunt destructurate, negative, de respingere, rejectare, neîncredere, necomunicare, de aversiune, ostilitate, necooperare și non-interacțiune socio-școlară normală cu ceilalți colegi din școala de masă unde își desfășoară activitatea instrucțională, cu implicații negative asupra procesului de comunicare și relaționare socio-școlară și, implicit, asupra procesului instructiv-educativ al acestei categorii de copii.

Cu privire la *frecvența situațiilor conflictuale în relația cu cadrele didactice,* se poate spune pentru majoritatea copiilor din cele două medii sociale substitutive că, în pofida existenței și a unor relații conflictuale sporadice, valabile îndeosebi pentru categoria copiilor din mediul rezidențial-instituțional, totuși, pe ansamblu, între acești copii și cadrele didactice din școală sunt relații afectiv-simpatetice de deschidere, acceptare, disponibilitate, încredere, respect, amabilitate, generozitate, comunicare, cooperare și interacțiune socio-școlară pozitive, cu implicații dezirabile asupra întregului proces instructiv-educativ al acestor copii.

Există însă și o categorie de copii, fără reprezentativitate statistico-comparativă, mai ales din mediul rezidențial-instituțional, a căror relații afectiv-simpatetice sunt destructurate, negative, de respingere, rejectare, neîncredere, necomunicare, de aversiune, ostilitate, conflictuale, necooperare și non-interacțiune socio-școlară normală cu cadrele didactice din școală, cu implicatii negative asupra procesului de comunicare și relaționare socio-școlară și, implicit, asupra procesului instructiv-educativ al acestei categorii de copii.

Privind *frecvența situațiilor conflictuale în relația cu ceilalți colegi de școală*, putem spune pentru majoritatea copiilor din cele două medii sociale substitutive că între acești copii și ceilalți colegi din școala de masă sunt relații afectiv-simpatetice pozitive, de deschidere, acceptare, sprijin, disponibilitate, de incluziune, încredere, respect, amabilitate, generozitate, comunicare, cooperare și interacțiune socio-școlară.

Însă există și o categorie de copii, fără semnificație statistico-comparativă, mai ales din mediul rezidențial-instituțional, a căror relații afectiv-simpatetice sunt destructurate, negative, de respingere, rejectare, de excluziune, neîncredere, necomunicare, de aversiune, ostilitate, conflictuale, necooperare și non-interacțiune socio-școlară normală cu ceilalti colegi din școală, cu implicații negative asupra procesului de comunicare și relaționare socio-școlară.

Nivelul de atractivitate al activităților extrașcolare pentru domeniile culturale (lectură, vizionări de film, pictură etc.), sportive (fotbal, volei, tenis de câmp și de masă, atletism, culturism etc.), plimbări prin parc, cofetărie, restaurant, vizite ale unor obiective de interes public etc., computer/internet, ne ilustrează că, indiferent de ponderea și diversitatea opțiunilor atractivității exprimate de copiii din cele două medii sociale substitutive pentru o activitate sau alta extrașcolară, există un interes viu și o preocupare majoră și pentru petrecerea timpului liber într-un mod constructiv, variat și recreativ, ca formă de extensie, complementaritate, compatibilitate și suport real pentru unele tipuri de activități și domenii didactice prioritare din învățământul de masă unde își desfășoară activitatea instrucțională acești copii.

Din punct de vedere al sprijinului oferit de către "familie", respectiv personalul angajat al centrelor de plasament în vederea orientării socio-profesionale, se poate spune pentru majoritatea copiilor din cele două medii sociale substitutive, că există un interes crescut și o preocupare majoră din partea adulților a.m.p. și a unei bune părți a personalului lucrativ din centrele de plasament pentru viitorul și integrarea lor socio-profesională, cu implicații dezirabile asupra orizontului de așteptare și a traiectoriei socio-profesionale a acestor copii.

Există însă și o categorie de copii, neînsemnată statistico-comparativ, mai ales din mediul rezidențial-instituțional, în care există un interes scăzut și o preocupare slabă din partea unei părți a personalului lucrativ din centrele de plasament pentru viitorul și integrarea lor socio-profesională, cu consecințe negative asupra orizontului de așteptare și a traiectoriei lor socio-profesionale.

Concluzii și sugestii

Crearea și, mai ales, dezvoltarea serviciului de asistență maternală și a centrelor de plasament de tip familial ocupă un loc important în ansamblul ecuației procesului de reformă și funcționare a sistemului județean de asistență socială și protecția copilului Vaslui, care a permis într-un interval de timp dezirabil o tendință accentuată de dezinstituționalizare a copiilor aflați în dificultate, prin închiderea centrelor de plasament mamut, reducerea spectaculoasă a numărului acestora, promovarea alternativelor familiale, cum este în cazul de față asistența maternală și transformarea unor centre de plasament în module rezidențiale de tip familial.

Mai mult, în prezent, numărul de intrări ale copiilor aflați în dificultate din județul Vaslui este într-o continuă scădere și în centrele de plasament de tip familial, intrările fiind strict limitate doar la acei copii a căror intervenție specializată interdisciplinară de recuperare și reabilitare este absolut indispensabilă, cum este cazul copiilor abuzați/neglijați, copiii străzii, copiii care comit infracțiuni dar nu răspund penal, copiii cu dizabilități etc., în favoarea instituirii cu prioritate a măsurilor de protecție în cadrul serviciului de asistență maternală al D.G.A.S.P.C. Vaslui.

În esență, cercetarea de față, axată pe radiografierea și diagnosticarea modalităților de dezvoltare familială, psihologică, socială și școlar-educațională a copiilor cu măsură de protecție în cele două medii sociale substitutive - prin comparație- a reliefat, în ansamblu, că, în pofida unor progrese destul de însemnate înregistrate în mediul rezidențial-instituțional pe linia dezvoltării familiale și psiho-socio-școlare ale copiilor, totuși, nu putem să nu observăm că situația familială și psiho-socio-școlară generală a copiilor aflați în dificultate cu măsură de protecție în asistență maternală este net superioară celei din mediul rezidențial-instituțional, în sensul că pentru majoritatea beneficiarilor, mediul familial-substitutiv are cea mai mare deschidere, disponibilitate, acceptare, determinare spre relații afectiv-simpatetice pozitive de comunicare, cooperare, incluziune, încredere, empatie, înțelegere, toleranță, înțelepciune, împăciuire, îngăduință, comuniune afectiv-emoțională și socio-umană, atașament și tratament psiho-afectiv și socio-familial nediferențiat și nediscriminatoriu, cu implicații și valențe pozitive și dezirabile asupra satisfacerii întregului registru de trebuințe, nevoi, cerințe și interese, precum și asupra procesului de dezvoltare, acomodare, adaptare și integrare familială și psiho-socio-școlară ulterioară.

Și aceasta, spre deosebire ușor de mediul rezidențial-instituțional de tip familial, în care, dincolo de existența, pe ansamblu, a unor relații reciproce pozitive similare celor din mediul familial-substitutiv, totuși, între o parte a beneficiarilor și o parte a personalului angajat din centrele de plasament, dimpotrivă, există și relații afectiv-simpatetice negative, tensionate, ostile, de aversiune, ură, necooperare, necomunicare etc., fiind însoțită de o selecție variată și preferențial-opționale de elemente de atașament afectiv-emoțional și social, chiar inexistente la un moment dat în tratamentul general aplicat acestora, așa cum acești adulți angajați își tratează în familia lor nediferențiat și nediscriminatoriu proprii săi copii, existând reale premise de îngreunare a satisfacerii trebuințelor și nevoilor specifice, precum și de îngreunare a procesului de dezvoltare, adaptare, acomodare și integrare familială și psiho-socio-școlară ulterioară.

De aceea, pentru categoria minoritară și nereprezentativă din punct de vedere statistico-comparativ a copiilor din mediul familial-substitutiv, dar, mai ales, pentru cea a copiilor din mediul rezidențial-instituțional cu dificultăți de acomodare, adaptare și integrare familială și psiho-socio-școlar-instituțională, sugerăm identificarea și evaluarea psiho-socială a acestora, și introducerea lor într-o serie de programe de recuperare și reabilitare ale serviciilor de profil existente în cadrul D.G.A.S.P.C. Vaslui, astfel încât activitățile specifice derulate în relația cu ei, să aibă ca fundament elaborarea unui proiect personalizat, individualizat de lucru potrivit acelor caracteristici psiho-individuale și psiho-sociale diagnosticate ce-i împiedică sau le îngreunează procesul de dezvoltare și integrare familială și psiho-socio-școlară.

Totodată, trendul pozitiv general și progresele înregistrate pe linia dezvoltării familiale și psiho-socio-școlare a copiilor aflați în dificultate din cele două medii sociale substitutive, este un rezultat nu doar al creșterii și alocării eficiente și echitabile a unor resurse financiare (bugetare și extrabugetare) care să acopere în întregime nevoile material-financiare ale sistemului de asistență socială și protecția copilului, ci și al creșterii numărului de resurse umane angajate, care, pe parcursul derulării activităților specifice acestui vast și delicat câmp social-uman, au beneficiat, în plus, de o formare și pregătire specializată continuă capabile și apte să răspundă favorabil evantaiului de provocări familiale, psihologice, sociale și școlare cu care se confruntă beneficiarii sistemului de asistență socială și protecția copilului din județul Vaslui.

Chiar dacă la nivel empiric modalitățile de dezvoltare familială și psiho-socio-școlară a copiilor cu măsură de protecție în cele doua medii sociale substitutive sunt cunoscute, cercetarea de față, prin metodologia de lucru aplicată și analiza statistico-comparativă și interpretativă realizată, fără a avea pretenția surprinderii exhaustive a registrului de probleme cu care se confruntă copiii aflați în dificultate din județul Vaslui, nu a făcut decât ca acestea să fie cunoscute și așezate și pe o bază fundamentată științific, astfel încât pentru cei interesați să poată constitui o cale de deschidere și aprofundare, în continuare, și pentru alte probleme cu care se confruntă acești copii, cum ar fi, de pildă, cele de natură juridică și medicală, ceea ce ar putea conduce inevitabil la întregirea registrului cunoașterii acestora și, de ce nu, chiar la o intervenție profesionalizată pluridisciplinară în toate compartimentele de specialitate aferente sistemului de asistență socială și protecției copilului aflat în dificultate din județul Vaslui, si chiar din Romania.

Repere bibliografice

Literatură de specialitate

ADLER, A. – *Psihologia școlarului greu educabil,* Editura IRI, București, 1995;

CHELCEA, S. – *Tehnici de cercetare sociologică,* Editura SNSPA, București, 2001;

CHOUSHEAD, V. – *Practica asistenței sociale,* Editura Alternative, București, 1993;

CLOCOTICI, V., STAN, A. – *Statistica aplicată în psihologie,* Editura Polirom, București, 2005;

COSMOVICI, A., IACOB, L. (coord.) - *Psihologia școlară,* Editura Polirom, Iași, 1994;

D.P.C., EU/PHARE, BRIDGING – Studiu *Repere privind instituțiile de ocrotire a copilului preluate de către Serviciile Publice Specializate,* București, 1999;

DUMITRANA, M. – *Copilul instituționalizat,* E.D.P., București, 1998;

GOLU, P. (coord.), ROȘCA, C. – *Aspecte psihosociale ale integrării elevilor ocrotiți în microgrupurile școlare,* lucrare de licență, Facultatea Sociologie-Psihologie-Pedagogie, Universitatea București, 1997;

HOWITT, D., CRAMER, D. – *Introducere în SPSS pentru psihologie,* Editura Polirom, București, 2006;

JABA, E., GRAMA, A. – *Analiza statistică cu SPSS sub Windows,* Editura Polirom, București, 2004;

IRIMESCU, G. – *Asistența socială a copilului și a familiei,* curs IDD, Editura Univ. Alex. I. Cuza, Iași, 2002;

MIFTODE, V. (coord.) – *Populații vulnerabile și fenomene de auto-marginalizare – Strategii de intervenție și efecte perverse,* Editura Lumen, Iași, 2002;

225

MIFTODE, V. – *Tratat de metodologie sociologică*, Editura Lumen, Iași, 2003;

MITROFAN, I., MITROFAN, N. – *Familia de la A la...Z*, Editura Științifică, București, 1991;

MUNTEAN, A. – *Familii și copii în dificultate*, Note de curs, Editura Mirton, Timișoara, 2001;

NEACSU, I. – *Introducere în psihologia educației și a dezvoltării*, Editura Polirom, Iași, 2010;

NEACSU, I. – *Dezvoltarea umanului – repere psihologice și investigativ-educaționale*, în revista Protecția socială a copilului nr. 1-2/2012, F.I.C.E. – România, Editura Universitară, 2012;

NICOLA, I. - *Pedagogie*, Editura Didactică si Pedagogică, București, 1994;

PASTI, S. – *Principii de bază ale protecției copilului și ale serviciilor de asistență socială pentru copii și familiile aflate în situații deosebit de dificile*, în R. Vitillo și D. Tobis (coord.), Programul de consolidare a serviciilor pentru copii și familii aflate în situații deosebit de dificile: un răspuns al României, UNICEF, D.P.C., București, 1997;

POSTEL, J. – *Dicționar de psihiatrie și de psihopatologie clinică*, Editura Univers Enciclopedic, București, 1998;

ROTH-SZAMOSKOZI, M. – *Protecția copilului. Dileme, concepții și metode*, Editura Presa Universitară Clujeană, Cluj-Napoca, 1999;

ROȘCA, C. – *Relația copil instituționalizat – familie*, în revista Protecția socială a copilului nr. 10, F.I.C.E. – România, 2001;

ROȘCA, C. – *Metode, tehnici și instrumente de investigare psihosocială a copiilor și tinerilor aflați în dificultate*, în

revista Protecţia socială a copilului nr. 12, F.I.C.E. –
România, 2002;

SPÂNU, M. – *Introducere în asistenţa socială a familiei şi protecţia copilului*, Editura Tehnica, Chişinău, 1998;

ŞCHIOPU, U., VERZA, E. – *Psihologia vârstelor. Ciclurile vieţii*, E.D.P., Bucureşti, 1997;

ŞCHIOPU, U. (coord.) – *Dicţionar de psihologie*, Editura Babel, Bucureşti, 1997;

ŞOITU, C. – *Instituţionalizarea copilului – Formă istorică de protecţie socială*, în V. Miftode (coord.), Populaţii vulnerabile şi fenomene de auto-marginalizare – Strategii de intervenţie şi efecte perverse, Editura Lumen, Iaşi, 2002;

THOBURN, I. *The Comunity Child Team*, în M. Danies, The Backwell Campanion to Social Work, G.B. Blackwell Pub., 1998;

UNICEF, D.P.C. – Studiu, *Situaţia copilului şi a familiei în România*, Bucureşti, 1997;

VOINEA, M. – *Sociologia familiei*, Univ. Bucuresti, 1993;

ZAMFIR, C., VLĂSCEANU, L. (coord.) – *Dicţionar de sociologie*, Editura Babel, Bucureşti, 1993;

ZAMFIR, C. (coord.) – *Pentru o societate centrată pe copil*, Raport, Institutul de Cercetare a Calităţii Vieţii, Editura Alternative, Bucureşti, 1997;

ZAMFIR, E. – *Politica de protecţie a copilului în România*, în C. Zamfir, E. Zamfir (coord.), Politici sociale în context european, Bucureşti, 1995;

ZAMFIR, E. – *Direcţii ale reformei sistemului de protecţie pentru copil şi familie*, în Revista de Asistenţă Socială nr. 2, Bucureşti, 2002;

ZLATE, M. – *Psihologia socială a grupurilor şcolare*, Ed. Politică, Bucureşti, 1972.

Legislație

- Convenția O.N.U. privind drepturile copilului, 1989;
- Constituția României, Editura Lumina Lex, București, 1996;
- Legea nr. 18/1990 privind ratificarea Convenției O.N.U. cu privire la drepturile copilului;
- Legea nr. 272/2004 privind protecția și promovarea drepturilor copilului.
- Hotărârea Guvernului României nr. 217/1998 cu privire la condițiile de obținere a atestatului, procedurile de atestare și statutul asistentului maternal profesionist.

AUTOR,

CRISTINEL ROSCA,

Psiholog principal, D.G.A.S.P.C. VASLUI

ANEXE

Anexa 1

CHESTIONAR DE SATISFACŢIE NR. 1

Instrucţiuni:

Acesta este un chestionar alcătuit din 46 de întrebări, care sunt însoţite fiecare de anumite variante de răspuns.

Te rog să citeşti cu multă atenţie fiecare întrebare în parte şi să răspunzi cu sinceritate, alegând şi subliniind varianta de răspuns care este adevarată pentru tine şi care ţi se potriveşte cel mai bine cu modul tău de a fi.

Răspunsurile subliniate de tine vor fi strict confidenţiale.
Începe să răspunzi!

1. **Unde ai mai domiciliat înainte de a fi dat în plasament la actuala familie de amp?**
   a) în familia de origine/naturală;
   b) într-o altă familie de amp;
   c) într-un centru de plasament;

2. **Care a fost cauza pentru care s-a decis măsura plasamentului tău la o familie de amp?**
   a) lipsa condiţiilor de creştere, îngrijire, educare şi dezvoltare din familia ta naturală;
   b) refuzul/neputinţa celorlalte rude de până la gradul IV inclusiv de a te îngriji;
   c) abandon familial;
   d) decesul ambilor sau a unuia dintre părinţii tăi;
   e) abuz/neglijare din partea membrilor familiei tale;

3. **Cât de des menții legătura cu familia ta naturală?**
   a) zilnic; b) săptămânal; c) lunar; d) anual;
   e) niciodată;

4. **De cât timp te afli în actuala familie de amp?**
   a) mai puțin de un an; b) 1 – 3 ani; c) 4 – 6
   ani; c) peste 7 ani;

5. **Cum te-ai acomodat în actuala familie de amp?**
   a) foarte bine; b) bine c) puțin; d) foarte
   puțin; e) deloc;

6. **Ești mulțumit cu actuala măsură de protecție care s-a decis pentru tine?**
   a) foarte mult; b) mult; c) puțin; d) foarte
   puțin; e) deloc;

7. **Care este persoana din familia de amp cu care te înțelegi cel mai bine?**
   a) "mama"; b) "tata"; c) copiii acestora; d)
   alte rude ale lor de până la gradul IV
   inclusiv;

8. **Cât de des "familia" te încurajează în menținerea legăturilor cu membrii familiei tale de origine?**
   a) foarte des; b) des; c) rar; d) foarte rar;
   e) niciodată; f) nu este cazul;

9. **Familia ta naturală participă la evenimentele importante din viața ta (aniversarea zilei de naștere, concursuri școlare și extrașcolare etc.)?**
   a) da; b) nu; c) nu este cazul;

10. **Participi cu plăcere la treburile casnico-gospodărești din familie (curățenie, gătit, cumpărături etc.)?**

a) foarte des; b) des; c) rar; d) foarte rar;
e) niciodată;

11. **Cine crezi că ar trebui să fie responsabil pentru creşterea copilului ?**
    a) familia;
    b) D.G.A.S.P.C.;
    c) primăria;
    d) şcoala;
    e) organizaţiile non guvernamentale;
    f) biserica;
    g) oamenii de afaceri;
    h) altele,
       care?...

12. **Cât de des ai sentimentul că eşti singur, de neînţeles şi neajutorat?**
    a) foarte des; b) des; c) rar; d) foarte rar;
    e) niciodată;

13. **Te-ai simţit vreodată discriminat, neîndreptăţit de "părinţii tăi" în raport cu proprii lor copii?**
    a) foarte mult; b) mult; c) puţin; d) foarte puţin; e) deloc;

14. **Ai sentimentul că eşti iubit, apreciat de "părinţii tăi" sau ceilalţi membri ai familiei acestora?**
    a) foarte mult; b) mult; c) puţin; d) foarte puţin; e) deloc;

15. **Cât de des îți recunoști vina atunci când greșești?**
    a) foarte des; b) des; c) rar; d) foarte rar;
    e) niciodată;

16. **În ce măsură ești de acord că "familia" te tratează asemănător propriilor lor copii?**
    a) total de acord; b) de acord; c) indecis; d) dezacord; e) dezacord total;

17. **Cât de des te înfurii atunci când nu îți sunt satisfăcute nevoile tale în familie?**
    a) foarte des; b) des; c) rar; d) foarte rar;
    e) niciodată;

18. **Te simți cu adevărat un membru al familiei în care ai fost plasat ?**
    a) întotdeauna; b) uneori; c) niciodată;

19. **Cât de des te simți discriminat de "părinți" în raport cu proprii lor copii sau alte rude până la gradul Iv inclusiv?**
    a) foarte des; b) des; c) rar; d) foarte rar; e) niciodată;

20. **Consideri că locul în care domiciliezi în prezent este " casa" ta?**
    a) întotdeauna; b) uneori; c) niciodată;

21. **Atunci când întâmpini dificultăți de orice fel, simți că ești ajutat de membrii familiei pentru a le depăși?**
    a) foarte des; b) des; c) rar; d) foarte rar;
    e) niciodată;

22. **Consideri că îți sunt satisfăcute în familie toate nevoile și trebuințele specifice vârstei tale?**
    a) foarte des; b) des; c) rar; d) foarte rar;
    e) niciodată;

23. **Ai intrat în conflict cu vreunul dintre membrii familiei unde locuieşti în prezent?**
    a) foarte des; b) des; c) rar;   d) foarte rar;
    e) niciodată;

24. **Ce impresie ai despre "părinţii" tăi?**
    a) foarte bună;   b) bună;   c) proastă;   d) foarte proastă;   e) îmi este indiferent;

25. **Ce impresie ai despre copiii "părinţilor" tăi?**
    a) foarte bună;   b) bună;   c) proastă;   d) foarte proastă;   e) îmi este indiferent;

26. **Există o persoană din "familia" ta în care ai încredere în a-i comunica o problemă mai intimă, sensibilă care te frământă în interior?**
    a) da; b) nu;

27. **Ce te nemulţumeşte cel mai mult în familia unde eşti?**
    a) condiţii materiale;   b) atmosfera din familie;
    c) anumite restricţii impuse;   d) grad crescut de libertate; e) nimic;

28. **Reuşeşti să răspunzi pozitiv la aşteptările membrilor "familiei" tale?**
    a) da; b) câteodată; c) nu;

29. **Ai reuşit să legi sau să sudezi prietenii, relaţii sociale cu alţi copii?**
    a) da; b) nu;

30. **Cât de repede poţi să te împrieteneşti cu cei din jur?**
    a) foarte repede;   b) repede;   c) încet;   d) foarte încet; e) deloc;

31. **Câţi prieteni ai?**
    a) foarte mulţi; b) mulţi; c) puţini; d) foarte puţini; e) deloc;

32. **Cei mai mulţi copii cu care ai reuşit să te împrieteneşti sunt din?**
    a) cartier/vecinătate;   b) şcoală;   c) copiii "părinţilor"sau a rudelor acestora;

33. **Cât de des participi la evenimentele festive organizate de comunitate?**
    a) foarte des; b) des; c) rar;   d) foarte rar; e) niciodată;

34. **Cât de des mergi la biserică?**
    a) foarte des; b) des; c) rar;   d) foarte rar; e) deloc;

35. **Ce părere ai tu despre şcoală?**
    a) foarte bună;   b) bună;   c) proastă;   d) foarte proastă;   e) nu mă interesează;

36. **Cât de des frecventezi şcoala?**
    a) foarte des; b) des; c) rar;   d) foarte rar; e) niciodată;

37. **Care este reacţia "părinţilor" tăi la rezultatele tale şcolare scăzute ?**
    a) pozitivă; b) negativă; c) indiferenţă;

38. **Cât de des eşti sprijinit de familie în efectuarea temelor şcolare pentru acasă de la şcoală?**
    a) foarte des;   b) des;   c) rar;   d) foarte rar; e) deloc;

39. **Eşti perseverent, conştiincios faţă de sarcinile şcolare?**
    a) foarte des;   b) des;   c) rar;   d) foarte rar; e) deloc;

40. **Ce discipline şcolare te atrag mai mult?**
    a) din domeniul ştiinţelor socio-umane ;
    b) din domeniul ştiinţelor exacte;

c) din domeniul artistic (muzică, desen, pictură, sculptură, dans etc.);

d) din domeniul arte-meserii;

e) din domeniul disciplinelor sportive;

f) din nici unul;

41. Cum ești văzut de cadrele didactice?

a) foarte bine; b) bine; c) rău; d) foarte rău;
e) le sunt indiferent;

42. Cum ești văzut de colegii de școală?

a) foarte bine; b) bine; c) rău; d) foarte rău;
e) le sunt indiferent;

43. Cât de des ai intrat în conflict cu cadrele didactice?

a) foarte des; b) des; c) rar; d) foarte rar;
e) deloc;

44. Cât de des ai intrat în conflict cu colegii de școală?

a) foarte des; b) des; c) rar; d) foarte rar;
e) deloc;

45. Ce activități îți place să desfășori în afara orelor școlare?

a) culturale (lectură, vizionări de film, pictură etc.);

b) sportive (fotbal, volei, tenis de câmp, de picior, atletism, culturism etc.);

c) plimbări prin parc, cofetărie, restaurant, vizite ale unor obiective de interes public etc.;

d) computer/internet;

46. Crezi că "familia" te sprijină în orientarea ta socio-profesională?

a) da ; b) nu ;

Anexa 2

CHESTIONAR DE SATISFACŢIE NR. 2

Instrucţiuni:

Acesta este un chestionar alcătuit din **46** de întrebări, care sunt însoţite fiecare de anumite variante de răspuns.

Te rog să citeşti cu multă atenţie fiecare întrebare în parte şi să răspunzi cu sinceritate, alegând şi subliniind varianta de răspuns care este adevărată pentru tine şi care ţi se potriveşte cel mai bine cu modul tău de a fi.

Răspunsurile subliniate de tine vor fi strict confidenţiale.
Începe să răspunzi!

1. **Unde ai mai domiciliat înainte de a fi dat în plasament la acest centru?**
   a. în familia de origine/naturală;
   b. într-o familie de amp;
   c. într-un alt centru de plasament;

2. **Care a fost cauza pentru care s-a decis măsura plasamentului tău la acest centru?**
   a. lipsa condiţiilor de creştere, îngrijire, educare şi dezvoltare din familia ta naturală;
   b. refuzul/neputinţa celorlalte rude de până la gradul IV inclusiv de a te îngriji;
   c. abandon familial;
   d. decesul ambilor sau a unuia dintre părinţii tăi;
   e. abuz/neglijare din partea membrilor familiei tale;

239

3. **Cât de des menții legătura cu familia ta naturală?**

   a. zilnic;   b) săptămânal;   c) lunar;   d) anual;
   e) niciodată;

4. **De cât timp te afli în acest centru?**

   a. mai putin de un an;   b) 1 – 3 ani;   c) 4 – 6
   ani;   c) peste 7 ani;

5. **Cum te-ai acomodat în acest centru?**

   a. foarte bine;   b) bine   c) puțin;   d) foarte
   puțin;   e) deloc;

6. **Ești mulțumit cu actuala măsură de protecție care s-a decis pentru tine?**

   a. foarte mult;   b) mult;   c) puțin;   d) foarte
   puțin;   e) deloc;

7. **Care este persoana din centru cu care te înțelegi cel mai bine?**

   a. șef de centru;   b) educator;   c) asistentul
   social;   d) psiholog;   e) bucătar;   f) femeie
   de serviciu;   g) administrator-contabil;   h)
   paznic;   i) magaziner;

8. **Cât de des personalul lucrativ din centru te încurajează în menținerea legăturilor cu membrii familiei tale?**

   a. foarte des;   b) des;   c) rar;   d) foarte rar;
   e) niciodată;   f) nu este cazul;

9. **Familia ta naturală participă la evenimentele importante din viața ta (aniversarea zilei de naștere, concursuri școlare și extrașcolare etc.)?**

   a. da;   b) nu;   c) nu este cazul;

10. **Participi cu plăcere la treburile casnico-gospodărești din centru (curățenie, gătit, cumpărături etc.)?**

a. foarte des; b) des; c) rar; d) foarte rar;
e) niciodată;

11. **Cine crezi că ar trebui să fie responsabil pentru creşterea copilului ?**
    a. familia;
    b. D.G.A.S.P.C.;
    c. primăria;
    d. şcoala;
    e. organizaţiile non guvernamentale;
    f. biserica;
    g. oamenii de afaceri;
    h. altele,
       care?..................................

12. **Cât de des ai sentimentul că eşti singur, de neînţeles şi neajutorat?**
    a. foarte des; b) des; c) rar; d) foarte rar;
    e) niciodată;

13. **Te-ai simţit vreodată discriminat, neîndreptăţit de personalul lucrativ al centrului în raport cu alţi copii/tineri?**
    a. foarte mult; b) mult; c) puţin; d) foarte puţin; e) deloc;

14. **Ai sentimentul că eşti iubit, apreciat de personalul lucrativ al centrului?**
    a. foarte mult; b) mult; c) puţin; d) foarte puţin; e) deloc;

15. **Cât de des îţi recunoşti vina atunci când greşeşti?**
    a. foarte des; b) des; c) rar; d) foarte rar;
    e) niciodată;

16. În ce măsură eşti de acord că personalul lucrativ din centru te tratează asemănător propriilor lor copii?

    a. total de acord; b) de acord; c) indecis; d) dezacord; e) dezacord total;

17. Cât de des te înfurii atunci când nu îţi sunt satisfăcute nevoile tale în centru?

    a. foarte des; b) des; c) rar; d) foarte rar; e) niciodată;

18. Te simţi cu adevărat un membru al centrului?

    a. întotdeauna; b) uneori; c) niciodată;

19. Cât de des te simţi discriminat de personalul lucrativ al centrului în raport cu alţi copii/tineri?

    a. foarte des; b) des; c) rar; d) foarte rar; e) niciodată;

20. Consideri că centrul de plasament este "casa" ta?

    a. întotdeauna; b) uneori; c) niciodată;

21. Atunci când întâmpini dificultăţi de orice fel, simţi că eşti ajutat de adulţii din centru pentru a le depăşi?

    a. foarte des; b) des; c) rar; d) foarte rar; e) niciodată;

22. Consideri că îţi sunt satisfăcute în centru toate nevoile şi trebuinţele specifice vârstei tale?

    a. foarte des; b) des; c) rar; d) foarte rar; e) niciodată;

23. Ai intrat în conflict cu vreunul dintre membrii centrului unde locuieşti în prezent?
    a. foarte des;   b) des;   c) rar;   d) foarte rar; e) niciodată;

24. Ce impresie ai despre adulţii din centru?
    a. foarte bună;   b) bună;   c) proastă;   d) foarte proastă;   e) îmi este indiferent;

25. Ce impresie ai despre copiii din centru?
    a. foarte bună;   b) bună;   c) proastă;   d) foarte proastă;   e) îmi este indiferent;

26. Există o persoană din centru în care poţi avea încredere în a-i comunica o problemă mai intimă, sensibilă care te frământă în interior?
    a. da;   b) nu;

27. Ce te nemulţumeşte cel mai mult în centrul unde eşti?
    a. condiţii materiale;   b) atmosfera din centru; c) regulamentul de organizare şi funcţionare a centrului (ROF);   d) grad crescut de libertate;   e) nimic;

28. Reuşeşti să răspunzi pozitiv la aşteptările personalului lucrativ din centru?
    a. da;   b) câteodată;   c) nu;

29. Ai reuşit să legi sau să sudezi prietenii, relaţii sociale cu alţi copii?
    a. da;   b) nu;

30. Cât de repede poţi să te împrieteneşti cu cei din jur?
    a. foarte repede;   b) repede;   c) încet;   d) foarte încet;   e) deloc;

31. Câți prieteni ai?

  a. foarte mulți; b) mulți; c) puțini; d) foarte puțini; e) deloc;

32. Cei mai mulți copii cu care ai reușit să te împrietenești sunt din?

  a. cartier/vecinătate; b) școală; c) copiii adulților din centru sau rudelor acestora;

33. Cât de des participi la evenimentele festive organizate de comunitate?

  a. foarte des; b) des; c) rar; d) foarte rar; e) niciodată;

34. Cât de des mergi la biserică?

  a. foarte des; b) des; c) rar; d) foarte rar; e) deloc;

35. Ce părere ai tu despre școală?

  a. foarte bună; b) bună; c) proastă; d) foarte proastă; e) nu mă interesează;

36. Cât de des frecventezi școala?

  a. foarte des; b) des; c) rar; d) foarte rar; e) niciodată;

37. Care este reacția personalului adult din centru față de rezultatele tale școlare scăzute ?

  a. pozitivă; b) negativă; c) indiferență;

38. Cât de des ești sprijinit de adulții din centru în efectuarea temelor școlare pentru acasă de la școală?

  a. foarte des; b) des; c) rar; d) foarte rar; e) deloc;

39. Ești perseverent, conștiincios față de sarcinile școlare?

  a. foarte des; b) des; c) rar; d) foarte rar; e) deloc;

40. Ce discipline şcolare te atrag mai mult?
   a. din domeniul ştiinţelor socio-umane ;
   b. din domeniul ştiinţelor exacte;
   c. din domeniul artistic (muzică, desen, pictură, sculptură, dans etc.);
   d. din domeniul arte-meserii;
   e. din domeniul disciplinelor sportive;
   f. din nici unul;

41. Cum eşti văzut de cadrele didactice?
   a. foarte bine; b) bine; c) rău; d) foarte rău; e) le sunt indiferent;

42. Cum eşti văzut de colegii de şcoală?
   a. foarte bine; b) bine; c) rău; d) foarte rău; e) le sunt indiferent;

43. Cât de des ai intrat în conflict cu cadrele didactice?
   a. foarte des; b) des; c) rar; d) foarte rar; e) deloc;

44. Cât de des ai intrat în conflict cu colegii de şcoală?
   a. foarte des; b) des; c) rar; d) foarte rar; e) deloc;

45. Ce activităţi îţi place să desfăşori în afara orelor şcolare?
   a. culturale (lectură, vizionări de film, pictură etc.);
   b. sportive (fotbal, volei, tenis de câmp, de picior, atletism, culturism etc.);
   c. plimbări prin parc, cofetărie, restaurant, vizite ale unor obiective de interes public etc.;
   d. computer/internet;

46. Crezi că personalul lucrativ din centru te sprijină în orientarea ta socio-profesională?

a. da ; b) nu ;

EDITURA LUMEN

Str. Ţepeş Vodă, nr.2, Iaşi

www.edituralumen.ro
www.librariavirtuala.ro

Printed in EU